BUSINESS BREAKTHROUGH

BBT ビジネス・セレクト ⑩

プロフェッショナルの鍛え方

The Training of the Professional

Shunsuke Takahashi / Kazunari Uchida

高橋俊介・内田和成 編

■大変革期を迎えた今、
経営のプロフェッショナルが求められている

■成功した若手経営者たちの中でも、
経営コンサルト出身の者が目立っている

■若いうちに厳しいトレーニングで
身につけた問題解決力は、
これからの時代を牽引する力になる

BUSINESS BREAKTHROUGH

GOMA BOOKS

はじめに

近年、急成長を見せる企業の経営者の多くには、１つの特徴がある。それは、成功する経営者にはコンサルティング会社出身者が多いということだ。特に戦略と熱意がモノをいうベンチャー企業たち。そしてイノベーションを遂げた伝統企業にはそれがあてはまることが多い。

いわばコンサルティング会社の卒業生である経営者たちは、20代から30代にかけての期間を経営コンサルタントとして過ごし、そこでトレーニングを受けてきた。死ぬかと思うほどの厳しいトレーニングは、彼らを一人前のコンサルタントとしてだけではなく、これからの時代を生き抜く経営者であるための「何か」を、身につけさせてきたらしい。

その「何か」とはどのようなものなのだろうか。

本書では、マッキンゼー・アンド・カンパニーやボストン コンサルティング グループといった世界的に有名なコンサルティング会社出身の経営者たちにインタビューし、プロフェッショナルな経営者になるための条件と、それを身につけるための自分自身の鍛え方を探っていく。

インタビューを行なっているのは高橋俊介氏、内田和成氏の両名だ。

高橋氏は大前研一（現ビジネス・ブレークスルー代表）が代表を務めていた当時のマッキンゼー・アンド・カンパニーに入社し、その後ザ・ワイアット・カンパニー（現ワトソンワイアット株式会社）社長などを歴任。現在は独立して大学院教授という経歴を持つ、日本で最もコンサルティング会社の教育について深く知る1人だ。

また内田氏は、ボストン コンサルティング グループの日本代表として、積極的に人材育成を行ない、多くのコンサルタントそしてコンサルティング会社出身の経営者を輩出してきた経験を持っている。

気鋭の経営者たちへのインタビューそして分析に加え、本書ではさらにビジネス・ブレークスルーの代表である大前研一による人材育成企業に対する解説も収録。「教える側」そして「学ぶ側」の双方の視点から、プロフェッショナルな経営者になるための学習について、立体的に理解できるようになっている。

これからの「経営」に関して、[illegible]うにして学んでいけばよいのか、本書を通してそのヒントを得ていただければと思う。

ビジネス・ブレークスルー出版事業局

プロフェッショナルの鍛え方　目次

カバー・本文デザイン　福田和雄（FUKUDA DESIGN）
編集協力　内海準二
情報技研
カバー写真　AFLO

プロローグ

日本のビジネス界における
経営人材の輩出・育成の現状

大前研一

●世の中に存在しなかった事業

私の人生の大きなテーマの1つに、「人をどうやって育てるのか」ということがある。本稿では、この問題に迫ってみたいと思う。

まず、現在、大きな過渡期を迎えているという認識を持ってほしい。そして当然、現在では人の育て方も変わってきている。

一般的な企業は、学卒を採用し社内で教育する。そして何十年か経って、トップマネジメントにする。これまでは、このようなモードが存在してきた。だが現在のような変革期にはこうしたやり方は通じない。従来の人事制度、採用のやり方を変えなければならないのだ。

歴史的に振り返ってみると、エスタブリッシュで育ってきた人材は、大変革期の大きな変化に対応できないことがわかる。

江戸幕府、いわゆる幕臣には明治維新を起こすことができなかったわけであり、結局、下級武士や浪人といった20代の若者たちによって変革は実行された。変革期の20年くらいには、20代、30代の人が大活躍する場があるのだ。

戦後の日本もまったく同じ状況だった。財閥解体によって新しいチャンスがたくさん生まれたとき、10代、20代の人たちが新しい企業を創出していった。そして彼らが世界に冠たる日本の企業を作り上げてきたのである。

戦後の混乱期から何十年か経った今、日本はまた変革期を迎えている。現在は、50年か１００年かぶりにめぐってきた大変革期なのだ。『ボーダレス』、『マルチプル』、『サイバー』などといった、これまでにはまったく存在しなかった要素が一気に噴出している時代なのである。

こうした新しい変化に対して、従来のことに精通している人材ほど、その対応に出遅れてしまうという傾向がある。それは、その人が持つ分別そのものが障害になってしまうからだ。新しい変化には、論理的に捉えるのではなく、新しいものへの嗅覚といった感覚的な要素が問われるし、重要視されるのだ。

こうした大変革期は、一致団結して、ただ「がんばれ」と叫ぶだけでは乗り切ることなどできない。

新しい人材育成、人材発掘のノウハウが求められているのだ。

●鉄は熱いうちに打て！

私はマッキンゼー・アンド・カンパニー時代に、５４０人の採用に関わってきた。そのうちの半分は中途採用である。年齢でいえば28歳から32歳くらい、それぞれに企業経験が５、６年あり、ビジネススクールで勉強してきたというタイプが多かった。

残りの半分は、学卒を採用した。マッキンゼーは、日本以外の国では学卒を採用してこなかったが、日本にＭＢＡコースがないこともあって、学卒の採用は背に腹は変えられないという状況下での選択だった。

マッキンゼーの社員教育は、基本的な問題解決の技法・ＰＳＡ（プロブレム・ソルビング・アプローチ）を徹底的に教えこむというものである。そうすることで、入社して２、３年も経てば、人材として十分に使えるようになる。25歳くらいで経営分析くらいはできるようになるし、30歳頃にはトップに対して十分なアドバイスができるようになる。

私はこうした人材の育て方をマッキンゼーで長く行ってきた経験を持つ。日本では、40歳を超えないとこのような力を身につけるのは無理だといわれてきたが、実際、若い人間でも能力をしっかり磨くことはできるのである。

このような経験を通して認識したことは、「鉄は熱いうちに打て！」ということである。若いときに徹底した教育を施されることは、個人的な意味においても、その人の会社人としての人生を豊かにするし、将来、それは大きな差となって現れてくる。

私が今の企業人に贈りたいキーメッセージは、「40代、50代では間に合わない」ということだ。元々存在している事業を管理するような業務であれば、従来の人事制度でも構わない。しかし新しいことに挑戦しようというときには、40代、50代から教育するのではもう『遅い』のだ。

●戦後をリードした若手起業家たち

戦後まもなく、日本企業を起こした人物として、６人を採り上げた。図〈日本の主要経営者の会社設立／社長就任までの経緯〉を見てほしい。いかに彼らが若くして起業しているかがわかるだろう。

それぞれ企業したときの年齢は、シャープの早川徳次氏は19歳、松下幸之助氏は24歳、本田宗一郎氏は22歳、三洋電機の井植歳男氏は19歳、盛田昭夫氏は25歳、井深大氏は38歳、稲盛和夫氏は27歳である。

このような人物たちは、図を見てわかるとおり、30代半ばで会社の原型をほぼ作り上げている。例えば、松下幸之助氏は、松下電器の事業部制を35歳で作り上げ、「明知（あきらかにわかった）」と宣言している。ちなみに松下電器では創業を「明知」したときとしている。つまり松下氏が悟りを開いてから社歴をカウントしているのだ。

それでは次に、現在、注目されている経営者たちを何人か紹介してみよう。

日本の主要経営者の会社設立／社長就任までの経緯

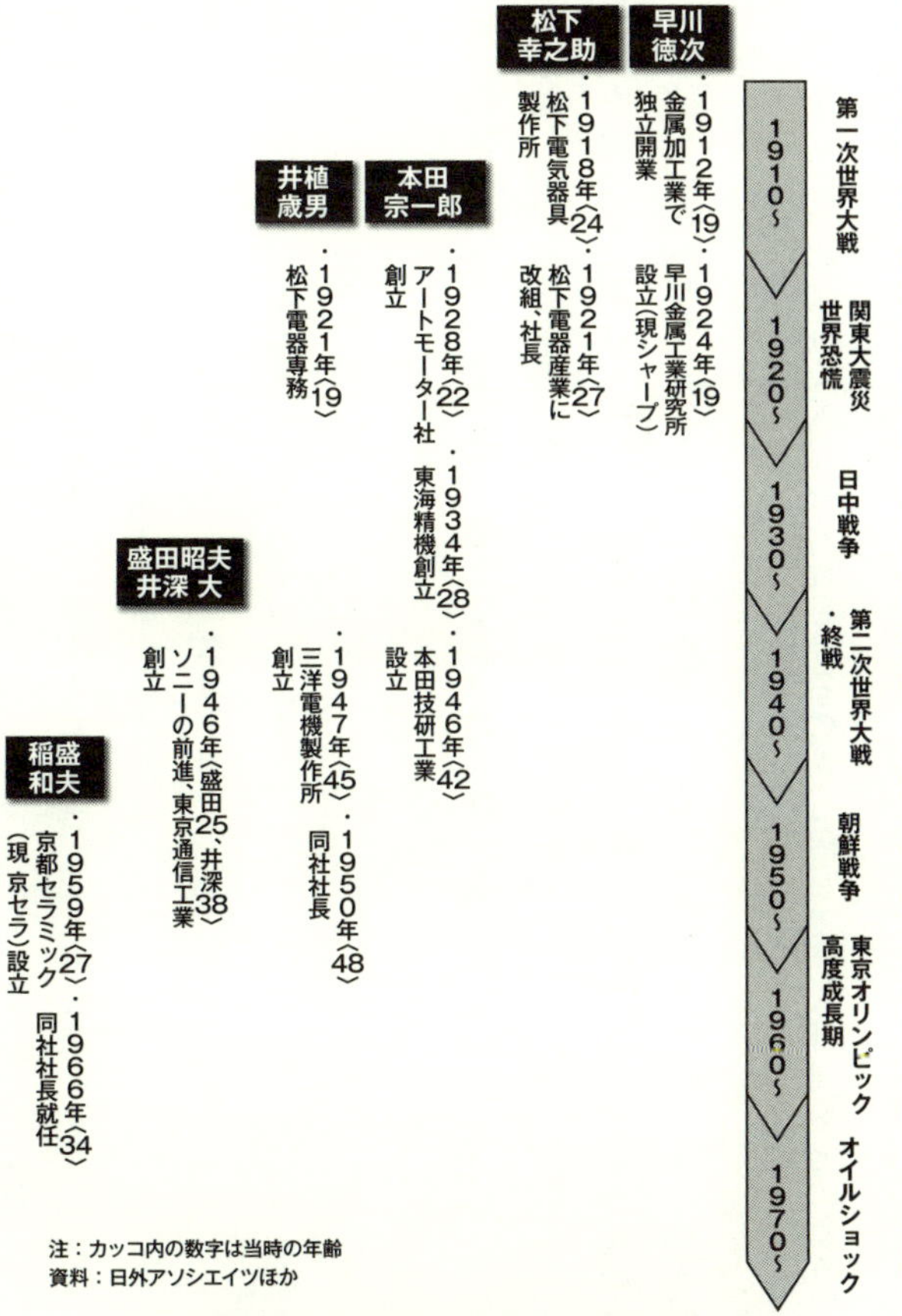

注：カッコ内の数字は当時の年齢
資料：日外アソシエイツほか

市場の停滞、IT革命など時代の変革期である現在は、
戦後の混迷期同様、旧来の常識を破る
「破壊型」人材の活躍が目立つようになってきており、
これら「破壊型」人材の多くは20～30代で頭角を現している

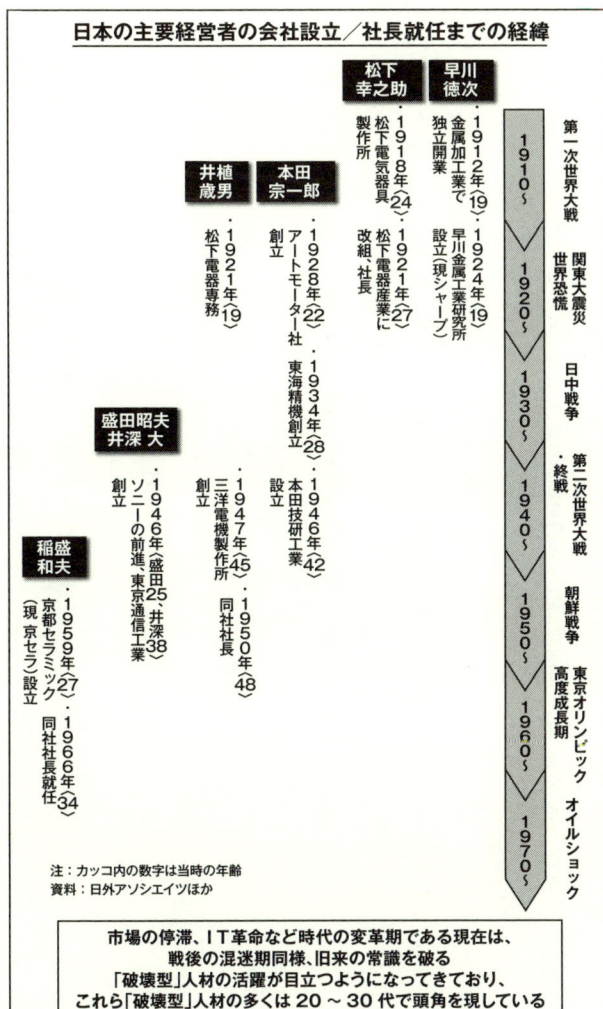

後藤玄利　１９９４年　ヘルシーネット（現・ケンコーコム）設立（30）
三木谷浩史　１９９６年　エム・ディーエム（現・楽天）設立（30）
南場智子　１９９９年　ディー・エヌ・エー設立（37）
谷村格　２０００年　ソネット・エムスリー設立（35）
石川真一郎　２０００年　ＧＤＨ設立（34）
姜裕文　２００２年　リプラス設立（31）

名前の後は、設立年、会社名、そして設立時の経営者の年齢になる。

それぞれ、戦後の経営者に負けず、若いことに気がつかれるだろう。

彼、彼女たちはいずれも30代で起業している。しかしここでは、起業してからのことではなく、彼、彼女たちがどのような20代を過ごしてきたのか、ということにスポットを当ててみたい。

また、企業はどのような人材を入社させるのか、そして新入社員をどのように教育していけばよいのかということも考えてみる。

ここに挙げた若い経営者たちは、従来の採用では、最も入社しにくい、または最も人事部から嫌われるタイプになるだろう。そのため、彼、彼女たちは従来の人事制度では、絶対に確保できない人材である。

しかし、若い経営者たちのような人材の輩出は、ある産業や分野においては当然のことになっているといっていい。

図〈人材のトレーニング時期と成長の相関〉をご覧いただきたい。タテ軸は年齢を表しているが、文芸やスポーツの世界はどんどん若返っている。

私がスポーツメーカーであるナイキの役員を務めていたときに見聞きしたことを紹介すると、ナイキは10代で際立った才能を持った人間を世界レベルのネットワークで見つけ出し、ライバル企業よりも早くサポートしていく。そして、これぞと思う人間には、ＣＥＯ自らがスカウトに乗り出す。

音楽の世界も同様で、４歳くらいから人材を育てて、才能を見いだそうとしている。

ＩＴの世界でもやはり10歳前後から、才能に注目し始めている。とくにアメリカは10代をうまく育てているようだ。

人材のトレーニング時期と成長の相関（イメージ）

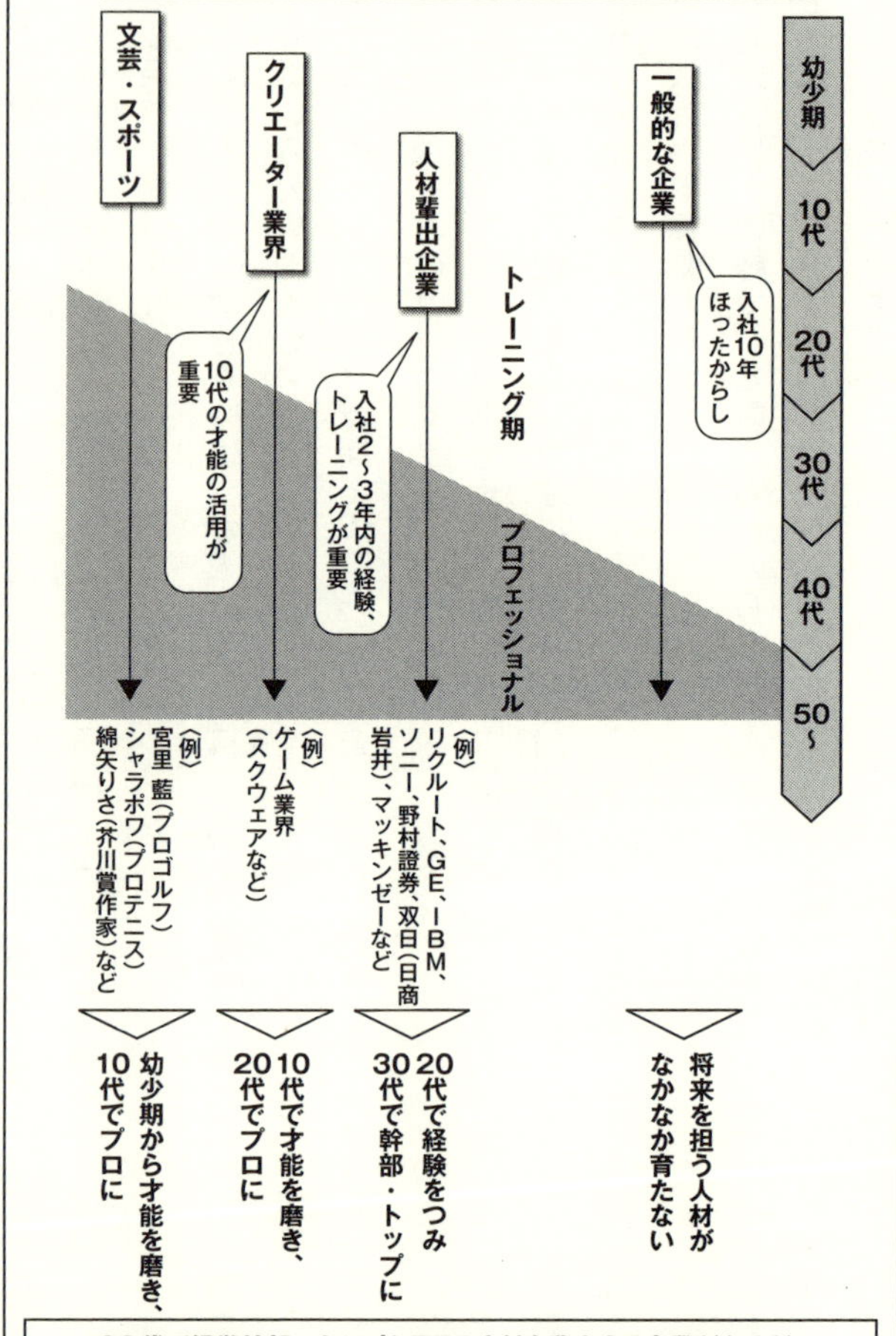

30代で経営幹部・トップクラスの人材を輩出する企業があるが、これは20代（入社2〜3年内）での経験やトレーニングによるものが大きく、またクリエーター業界では10代の才能の活用が重要になってきている。

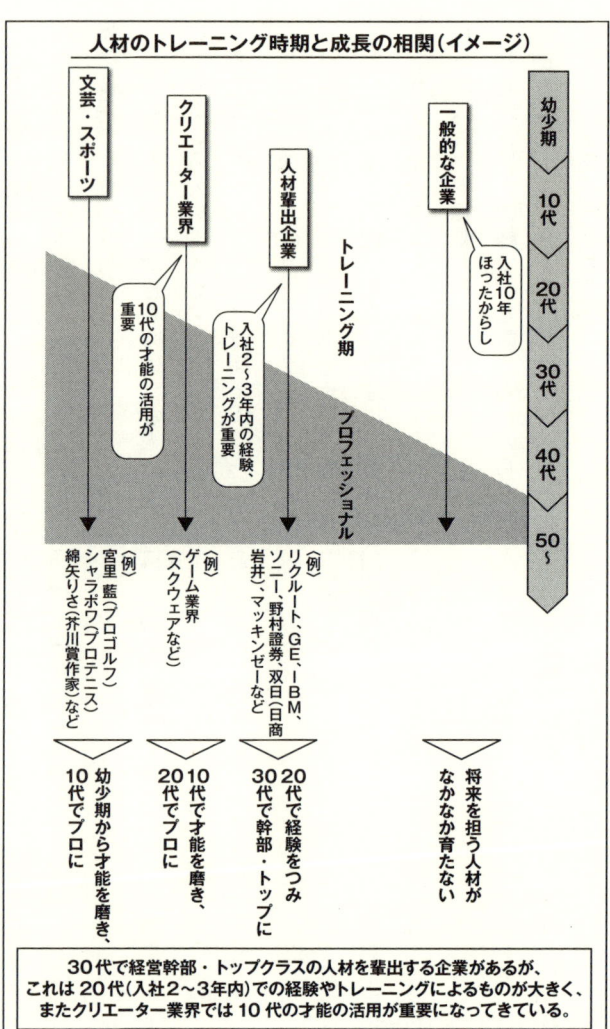

日本の場合には、ゲームやアニメといった限られた世界ではあるが、10代で鍛えて、20代で花開くという構造ができ上がっている。このことが、日本がゲームやアニメのジャンルで世界のリーダーである理由の1つに間違いない。

図〈人材のトレーニング時期と成長の相関〉の中央、いわゆる人材輩出企業と呼ばれるところでは、入社2、3年目に勝負をかける。これについては後述する。

OJT（On-the-Job Training）などといいながら、一般的な企業では入社して10年は社員をほったらかしにし、40代で失敗したらそのまま左遷させる。このような方法は、現代社会においてはすでに通用しないものになっているのだ。企業のトップから「わが社には後継者がいない」と悩みを打ち明けられても、育てていないからしょうがありませんよ、としかいいようがない。

繰り返しになるが、今が変革期だということを忘れてはいけない。これまでの成長期には、挙げてきた問題意識はまったく関係ないものとして捉えることができた。しかし、今後は20代でいかに鍛えられてきたのか、ということを誰よりも先行して考え、行動していけば、絶対的に有利な状況になるといえるだろう。

●人材輩出企業の特徴

図〈人材輩出企業の事例〉を見てほしい。これがいわゆる人材輩出企業の事例である。7社を採り上げて、それぞれの特徴を簡単に整理してみた。左には主な卒業生たちの名前を挙げている。

・株式会社リクルート

32歳定年など、ユニークな人事制度を持っている企業である。企画力、営業力で新しい出版物やインターネットサイトを製作する。

同社では32歳までに芽が出なければ退職、退職金を払ってしまうのである。会社に残りたい人は、自己リスクで残れということで、身分保証などない。

人材輩出企業の事例

優れた企業風土や社内教育により、多くの経営トップや幹部人材を輩出する企業がある

リクルート	同社OBは、企画力、営業力の評価が高く、サービス、IT系を中心に多くのトップや人材を輩出。	・宇野康秀（USEN社長） ・松永真理（バンダイ社外取締役） ・小笹芳央（リンクアンドモチベーション）
GE	ニューヨーク・クロトンビルのリーダー養成機関では、現実にGEが抱える課題をテーマに解決策を考えるなど実践的な研修が行われており、米国の経営者市場でGE出身者は高い評価を受けている。	・斉藤尚文（リロ・ホールディング社長） ・杉田敏（プラップジャパン副社長） ・安達保（カーライル日本代表）
日本IBM	IBMの社内教育は充実しており、また英語による高いコミュニケーション力やIT業界の深い知識が買われ、外資系IT企業のトップや幹部人材を多く輩出している。	・倉重英樹（日本テレコム社長） ・新宅正明（日本オラクル社長） ・八剱洋一郎（ウィルコム社長）
ソニー	ソニーに息づくチャレンジ精神と、官僚的な組織に頼らず優秀な人材に仕事を任せる独特の手法によって鍛え上げられたソニー出身者は、IT系やメーカーを中心に多くのトップ・幹部人材を輩出。	・前刀禎明（アップルコンピュータ代表取締役） ・菊池三郎（インフォテリア会長）
野村證券	業界最大手で直接金融に精通したプロフェッショナル人材を多く抱え、金融、IT系を中心に多くのトップ・幹部人材を輩出。	・北尾吉孝（ソフトバンクインベストメントCEO） ・青園雅紘（CSK会長） ・井土太良（イー・トレード証券社長）
双日（日商岩井）	財閥系商社と異なりグループ取引に頼れない分、社員には自力で仕事を取ってくる積極性が求められ、個人の裁量で仕事ができる社風が、多くのトップ・幹部人材を輩出。	・藤森義明（GEアジア社長兼CEO） ・小高敏夫、久保徳雄（東京エレクトロン創業者）
マッキンゼー	若手の段階から問題解決手法（PSA）を鍛え、また業種・業界にとらわれず企業トップと共に経営戦略の策定に携わることにより、幅広い業界にトップや幹部人材を輩出。	・安達保（カーライル日本代表） ・余語邦彦（カネボウ化粧品CEO） ・藤井清孝（SAPジャパン社長）

資料：各種記事より作成

・GE（ゼネラル・エレクトリック）

世界的な人材輩出企業である。アメリカの経営者市場でGE出身者は高い評価を受けている。マッキンゼーと合わせて東西の両横綱である。

・日本IBM株式会社

社員教育では定評のある会社である。とくに営業トレーニングの評価は高く、IBM出身者は人気が高い。

・ソニー株式会社

国際的に通用する人がほしければ、ソニーといわれてきた。中途採用が多いのも特徴で、「大賀物語」や「盛田物語」といった直接スカウトされたときのエピソードを持っている人も多い。

・野村證券株式会社

プロフェッショナルを養成するというイメージである。20代で鍛えて、30代で支店長、40代で役員を目指すといった人材の育て方をしている。

・双日株式会社（日商岩井）

海部八郎の時代に作り上げた、個人の裁量で仕事ができるという社風が、現在も多くの人材を世に送りだしている。

・マッキンゼー・アンド・カンパニー

徹底して問題解決手法（ＰＳＡ）を叩き込む。若い頃からいくつもの業界を経験させ、常に企業トップの立ち場で考えさせる。

マッキンゼーに関しては、後でそのノウハウを詳しく紹介しよう。

これらの企業に共通していることは、若い人の教育についていろいろなことをやらせて

人材輩出企業の社員に求められる資質

企業名	社員・幹部に求められる資質
リクルート	・新規事業開発力 ・営業力（課題解決型・提案型営業） ・マネジメント力
GE	・明確なビジョンを持ち、結果を出す力 ・常に変革する力 ・迅速に業務に取り組む力
日本IBM	・営業力（課題解決型・提案型営業） ・ITに関する高い専門性
ソニー	・創造性、チャレンジ精神 ・コーポレートカルチャーの共有 ・グローバルな視野
野村證券	・金融に関する高い専門性 ・営業力
双日（日商岩井）	・新事業開拓力 ・積極性 ・営業力
マッキンゼー	・問題解決力（PSA） ・経営者的思考 ・業種横断的視野

共通する特徴

- 若手のときに知識・スキルを徹底的にトレーニングする
- 若手のときのプロジェクトの責任者としての立場で思考・行動する
- 過去のケーススタディなどでなく現実の経営課題にリアルタイムに取り組む

↓

優秀な経営トップ・幹部人材を輩出

特に多くの事業分野を持つGEや業種を問わずコンサルティングを手がけるマッキンゼーなどは幅広い業界で人材を輩出している

資料：各種記事より作成

いない点である。例えばリクルートでいえば、企画提案だけを徹底的にやらせる。しかも若いうちにそれをたたきこむためのシステムができ上がっているのである。

●人材輩出企業が求める資質とは

では、それぞれの人材輩出企業が求める資質とは、どのようなものなのだろうか。図〈人材輩出企業に求められる資質〉にまとめてみた。

リクルートは「新規事業開発力」、「営業力」、「マネジメント力」を求めているし、GEにおいて問われるのは、「結果」だということがよくわかる。日本IBMは「提案型営業力」、ソニーは「創造性」を重視しているし、野村證券は「金融のプロになれる人間」、双日株式会社（日商岩井）は「開拓力」、マッキンゼーは「トップに提案するための3つの能力」に絞りこんでいる。

それぞれに求められる資質は異なるが、共通する特徴は次のとおりである。

・若いときに、知識・スキルを徹底的にトレーニングする
・若手のときにプロジェクトの責任者としての立場で思考・行動する
・過去のケーススタディなどではなく、現実の経営課題にリアルタイムに取り組む

このようなことを、将来、幹部候補生になったときにではなく、「今、やれ！」と若いときに実行させているのである。こうして鍛えられた人材が、社内、社外で活躍しているのである。

●マッキンゼーのトレーニング方法

では、先に出てきたマッキンゼーの例を具体的に見ていこう。マッキンゼーにおける経営人材輩出の仕掛けは図〈事例　マッキンゼーにおける経営人材輩出の仕掛け〉のとおりである。

「問題発見・解決力」、「経営者的思考」、「業種横断的視野」——いわゆる三種の神器と呼

〈事例〉マッキンゼーにおける経営人材輩出の仕掛け

問題発見・解決力

現実の経営における問題点を発見し、ロジカルに解決策を導き出す

経営者的思考

常にプロジェクトリーダー、もしくは経営者の立場で思考する習慣を身につける

業種横断的視野

複数の職種、業種を経験させ、普遍的な経営の原理、原則を学ぶ

新卒(22歳)～25歳で徹底的にトレーニング

30代で
有力な経営人材となる

効果的な若手のトレーニング方法とは？

マッキンゼーでは、問題発見・解決力、経営者的思考、業種横断的視野を入社数年で徹底的にトレーニングを行い、幅広い業界に優秀な経営人材を多数輩出している

資料：各種記事より作成

企業・官僚出身のマッキンゼーOBの事例

	マッキンゼー入社前	マッキンゼー入社	マッキンゼー入社後	現職（2005年6月現在）
安達 保氏	三菱商事入社（1977年）	マッキンゼー入社（1988年）	・日本リースオート社長（2000年） ・GEキャピタル事業開発本部長（1997年）	カーライルグループマネジングディレクター（2003年）
余語邦彦氏	科学技術庁（1983年） 通商産業省	マッキンゼー入社（1990年）	・産業再生機構執行役員 ・大前・ビジネス・ディベロップメンツ ・光通信取締役副社長（2000年） ・Wit Capital Japan上級副社長（1997年） ・グローバル・アライアンスジャパン設立、社長就任（1997年）	カネボウ化粧品CEO（2004年）
丸山嘉浩氏	三菱商事入社	マッキンゼー入社	・ディーワンダーランド取締役（2001年） ・スクウェア米国法人上級副社長（1995年） ・平成政策研究所	マイクロソフトXbox事業本部ジェネラルマネジャー（2003年）

日本の大企業や官庁などで10年近く勤めてからマッキンゼーに入社し、トレーニングを受けた人は、エスタブリッシュメント企業で経営者人材として活躍している

資料：各種記事より作成

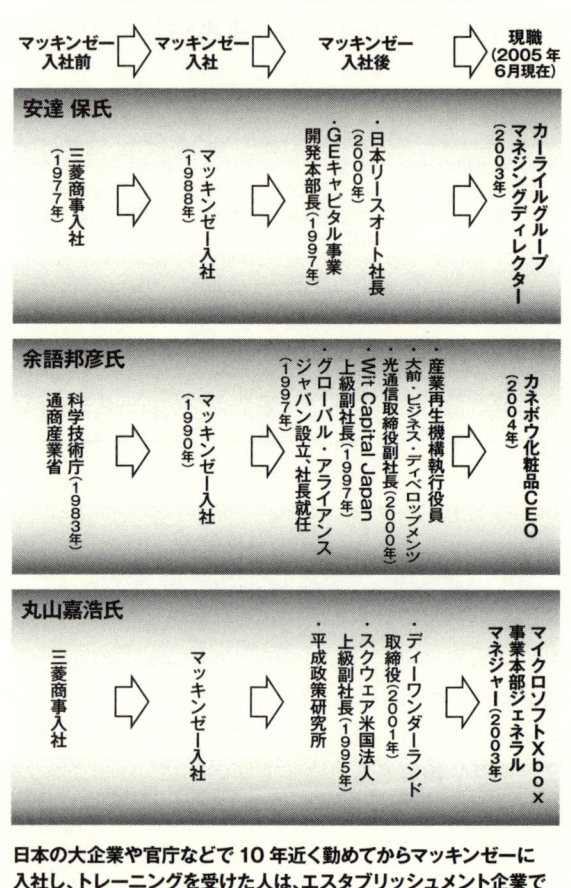

ばれているものである。

効果的な若手のトレーニング方法として、マッキンゼーでは、この三種の神器を新卒である22歳から25歳の間に徹底的に教え込んでいく。マッキンゼーのOBたちに聞くと、「あの問題解決の教育は役に立ちました」といわれることが多い。

●マッキンゼーのOBたち

マッキンゼーのOBたちには面白い傾向がある。

マッキンゼーに中途入社した人間は、マッキンゼーを出た後も、別の企業に行く傾向にあるが、学卒で入社した人間は起業する傾向が高い。

図〈企業・官僚出身のマッキンゼーOBの事例〉に、企業・官僚出身の典型的な3人を挙げてみた。日本の大企業や官庁などで、10年近く勤めてからマッキンゼーに入社し、トレーニングを受けた人間は、エスタブリッシュ企業で経営者人材として活躍することが多い。

続いて学卒で入社し、コンサルタントを経て社長になった事例をご紹介しよう。20代に問題解決力などのトレーニングで徹底的に鍛えることにより、30代で安定した経営力を発揮する起業家として活躍する人材を輩出することが可能となる。

■南場智子（ディー・エヌ・エー株式会社代表取締役社長）

彼女は１９９９年に私にところに挨拶にきて、インターネット・オークションをやりたいというので、「ヤフーに勝てないからやめとけ」と忠告した。それにも関わらず起業し、今や、携帯電話でのゲーム＆ＳＮＳサイト、オークション部門などで急成長をしている。

彼女のエピソードで思い出すのが、「売るものがないから何かください」と私を訪ねてきたときのことだ。

「何、バカなことをいってる」と断ると、南場氏は「それをください」といってきたのだ。

「大前研一の罵声を、15分、電話で浴びる券」というのが彼女の最初の商品となった。ディー・エヌ・エーのオークションサイトであるビッダーズでオークションされたその商品は、さまざまなジャンルで取り上げられることとなり、大変な宣伝効果があったという。

それからしばらくして、また電話がかかってきて、

「どうもありがとうございました。大前さんに3億円もらいました」

というから、何のことだというと、その券が7万2000円で売れて、マッキンゼー時代に大前さんに怒られた時間を掛け算すると、ちょうど3億円になったというのだ。彼女の機転の利く聡明さをよく表しているエピソードだ。

■谷村格（ソネット・エムスリー株式会社代表取締役CEO）

マッキンゼーのOBたちで起業した事例である。彼らが起ち上げたのは、医師と製薬企業、そして医師同士をネットでつなぎ、それぞれのコミュニケーションを結ぶ事業だ。多くの人間がやりたいと思っていたが、なかなか実現できる者がいないところ、彼はあっという間に医師会員9万4000人を含む20万人の医療関係従事者を束ねてしまった。

インターネットの世界は、最初に駆け抜けた人間が1人勝ちするというメディアだが、ソネット・エムスリーの事業が、業界のプラットフォームになったことで、彼は勝利を確実なものにした。

■後藤玄利（ケンコーコム株式会社代表取締役）

彼はアンダーセン・コンサルティング（現・アクセンチュア）に入社。その後、父親の事業を継いで、新事業であるヘルシーネット（現・ケンコーコム）を起ち上げたというタイプである。また後藤氏は、アタッカーズ・ビジネススクールの卒業生でもある。

ケンコーコムというのは日本最大の健康関連商品のポータルサイトで、卸業者2社の近くに商品センターを設置することで、在庫リスクを抑えているとともに、4万点を超える商品を取り揃えている。彼の事業はGoogleの登場で蘇ったといわれ、検索エンジンのヒット率を高めることで、広告コストをおさえ、集客効果を高めていくという手法をいち早く導入した成功例の1つである。

後藤氏のビジネスモデルを研究してみると、そこには意外なヒントがあるだろう。

●人材を取り込む方法

最後に、経営者となりうる人材を自社に取り込む方法について触れておこう。

経営者人材を自社に取り込む方法

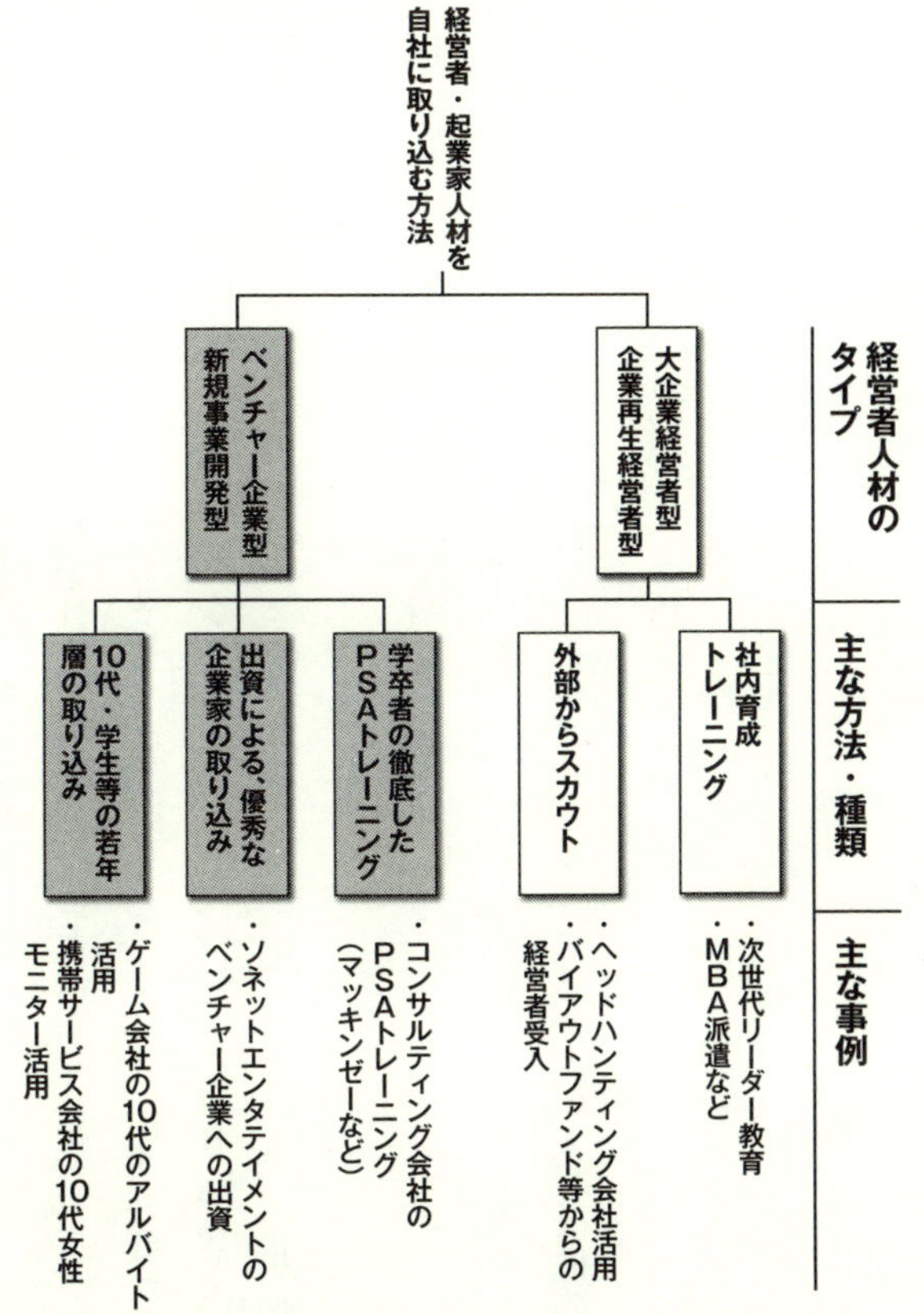

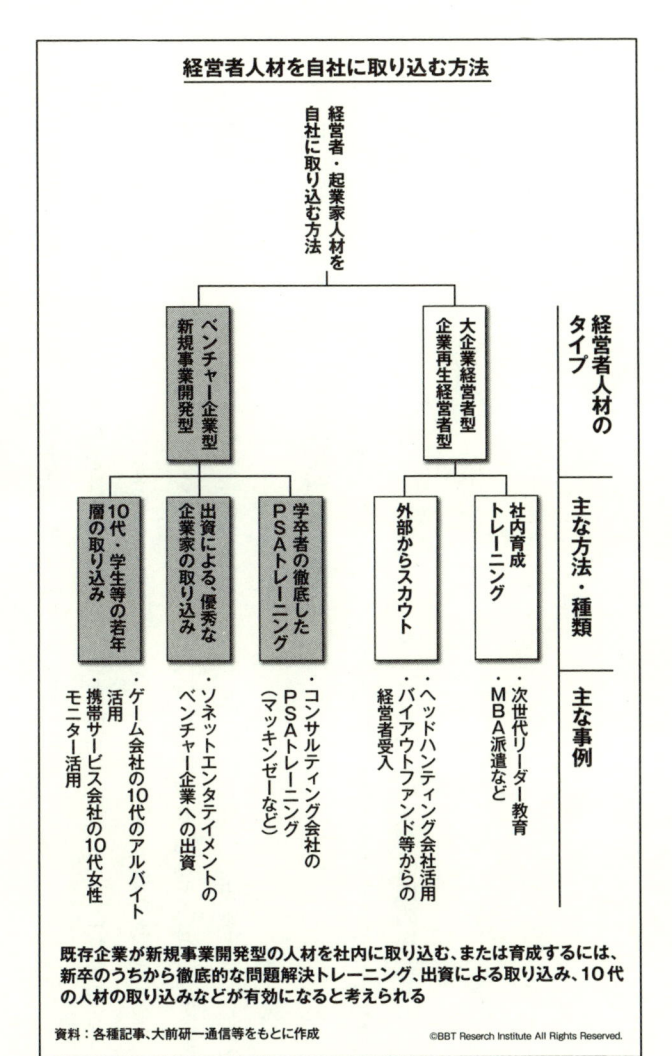

既存企業が新規事業開発型の人材を社内に取り込む、または育成するには、新卒のうちから徹底的な問題解決トレーニング、出資による取り込み、10代の人材の取り込みなどが有効になると考えられる

資料：各種記事、大前研一通信等をもとに作成

図〈経営者人材を自社に取り込む方法〉を参照してほしい。

既存企業が新規事業開発型の人材を社内に取り込むことはかなり難しい。これをやろうと思ったら、新卒のうちから徹底的にそのようなカルチャーを作り出す必要があるだろう。

それとは別にソネットエンタテイメントのように、出資による取り込みという方法もある。またゲーム会社のように10代のときにアルバイトとして採用し、そのまま人材として取り込むといった方法もあるだろう。

また図〈経営人材育成の3要素〉を紹介しよう。

経営人材の育成ポイントは、問題解決力のトレーニング、経営者的思考のトレーニング、業種横断的視野の育成であり、これはビジネス・ブレークスルーの人材育成の根幹となっていることを付記しておきたい。

経営人材育成の3要素

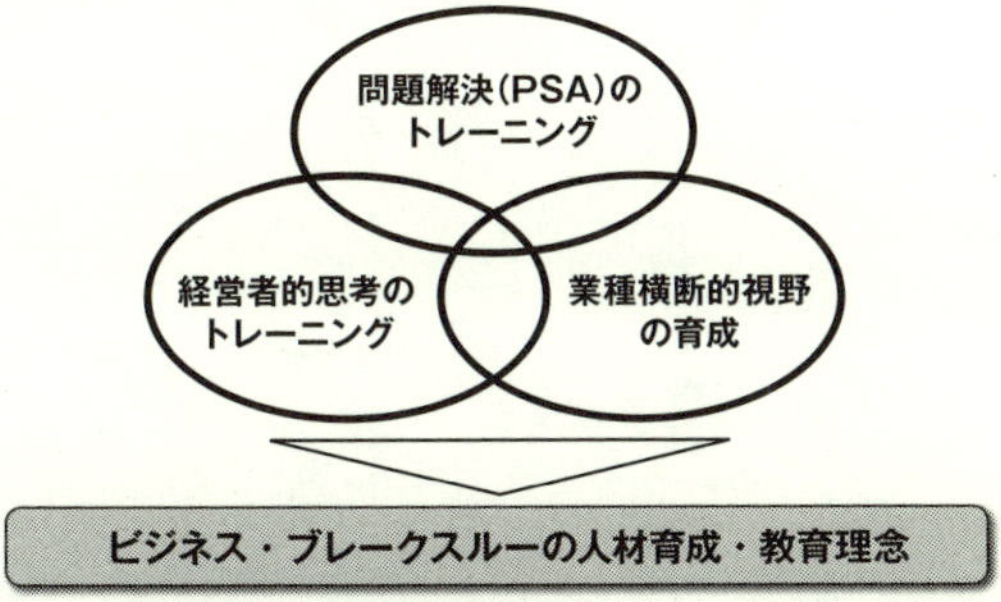

経営人材の育成のポイントは問題解決力のトレーニング、経営者的思考のトレーニング、業種横断的視野の育成であり、これはビジネス・ブレークスルーの人材育成理念の根幹となっている

資料：各種大前研一関連記事より作成

第1章

マッキンゼーの企業風土が経営者を育てた

［ゲスト］ 南場智子
株式会社ディー・エヌ・エー代表取締役社長

［講師］ 高橋俊介

南場智子（なんば・ともこ）

1986 年：津田塾大学卒業後、マッキンゼー・アンド・カンパニー・インク・ジャパンに入社

1988 年：マッキンゼー退職。アメリカ・ハーバード大学に入学

1990 年：MBA 取得後、マッキンゼー復職

1996 年：マッキンゼーパートナーに就任、ネットビジネスのモデルを担当

1999 年：株式会社ディー・エヌ・エー（DeNA）設立、マッキンゼー退職。DeNA 代表取締役社長に就任（現任）

2003 年：内閣 IT 戦略本部員

2004 年：規制改革・民間開放推進会議委員

●会社概要

名称：株式会社ディー・エヌ・エー

設立：1999 年 3 月

代表取締役：南場智子

資本金：43 億 2468 万円

株式上場：2005 年 2 月（東証マザーズ）

従業員：392 名（連結）、244 名（個別）

事業内容：携帯ゲーム＆ SNS サイト「モバゲータウン」やオークション＆ショッピングサイトである「ビッダーズ」などの運営。

●主要子会社

株式会社モバオク

株式会社モバコレ

株式会社ペイジェント

株式会社エアーリンク

スカイゲート株式会社

株式会社ディー・エヌ・エー代表取締役社長を務める南場智子氏は、社名『ＤｅＮＡ』に、電子取引（Ｅコマース）という新分野開拓への自らの決意を託し会社を創業している。

「ＤｅＮＡは遺伝子『ＤＮＡ』とＥコマースの『Ｅ』を組み合わせたもので、Ｅコマースの新しい遺伝子を世の中に広めていく『ＤＮＡ』でありたい、と考えています」

インターネット上と携帯電話でのオークションやショッピングサイトの企画・運営。今ではゲームやＳＮＳのサービスなどを展開する株式会社ディー・エヌ・エーは、まさに世の中に新しい付加価値を提供しているベンチャー企業だといえる。

会社設立6年目の２００５年には東証マザーズに上場。２００６年度の売上高は、１４１億８１００万円、営業利益は45億６００万円。

ここ2年間でじつに売上高は約5倍、営業利益約9倍という成長を達成している。

ディー・エヌ・エーの主要業務は、『ビッダーズ』（http://www.bidders.co.jp）を中心とするネット・ショッピングサイト運営のＷＥＢコマース事業。そして６００万人の会員数を持つ携帯ゲーム＆ＳＮＳサイトである『モバゲータウン』、携帯オークションサイト『モバオク』（http://www.mbok.jp）などのモバイル事業がある。

２００８年３月期予想では年間売上高２５５億円、営業利益90億円と、今現在も創業以来急成長を続けている。

テレビＣＭやニュースなどでも露出が多い最近話題の『モバゲータウン』（通称モバゲー）は、現在、同社の中心的な事業であり、ＳＮＳという人気のＷＥＢサービスの特性を活かし、ナイキとのキャンペーンやテレビタレントとのコラボレーションなど、話題に事欠かない。

また、ディー・エヌ・エー創業時より開始した『ビッダーズ』は同社だけのネット・ショッピングのプラットホームとしてではなく、30社以上の有力なポータルやプロバイダが参加する連合体のプラットホーム的役割を担っている。

また『モバゲータウン』と同じ携帯サイトである『モバオク』は、出品から落札まで携帯電話１つで完結する利便性から、成長し続けているサイトである。

●『逃亡社員』が、ネットオークションのベンチャー企業を設立するまで

「最初の数年は、トンネルの中で遠くにかすかな光が見えるといった状態でした」と、南場氏は会社設立当初を振り返る。

厳格な父親の下に育った南場氏は、新潟の高校から東京の女子大へ。親元を離れ、自由に羽ばたきたかった女子大生は、在学中に1年間アメリカに留学。帰国後、女性が男性と同等に働けるということに魅力を感じ、南場氏はマッキンゼー・アンド・カンパニー・インク・ジャパンに入社した。

入社から2年後の１９８８年にマッキンゼーを退社し、ハーバード大学のビジネススクールに留学するが、その理由はどのようなものだったのか。

「毎日、朝の4時まで仕事をするのですが、それでもバリューが出せない。当時はずいぶん思い悩みました。コンサルタントとしてやっていく自信がなくなってしまったんです。逃亡ですね」

じつはビジネススクールで学ぶ動機には、南場氏のようなケースが多いという。次の仕事を考えるための選択肢を広げるために勉強しようというわけだ。

「マッキンゼーで2年間働いたおかげで、MBAを取得するための勉強はそれほど大変ではありませんでした。楽しい留学生活でしたね」

●『死ぬのではないか』と思うほど、トレーニングを受けた新人時代

MBA取得後の1990年、南場氏はマッキンゼーに復帰。1996年には歴代女性3人目のパートナー（役員）に就任する。

インターネットを活用した新規事業を多く手がける中、1998年に『オークションビジネス』に出合う。この出合いは南場氏にとってのターニングポイントとなり、『DeNA』設立へとつながっていく。

南場氏は、マッキンゼーというコンサルティング会社でのキャリアから何を学んだのだろうか。

「論理的に思考して解を導き出すことができるように、とことんトレーニングされました。『業界の常識は疑ってかかれ』というところから始まり、解を導き出すために、もう死ぬのではないか、と思うほど働きました。でも人は簡単に死なないわけで（笑）、この時のトレーニングはとてもよい経験になりましたね」

死ぬ思いをするほどのトレーニングと同じように、この時期に得た国境を越えたグローバルな人脈は、南場氏にとって非常に大きな財産になったという。

「私のクライアントのこういうところが足りないから助けてほしいといえば、スペインからでもシカゴからでも仲間が助けにきてくれます。逆に私がマレーシアやロンドンに呼ばれることもあります。

お互いがお互いのクライアントへのサービスを助け合うことで、絆がより深くなりますよね」

1つの行動指針を共有する人と人との間に壁がない土壌は、マッキンゼーの素晴らしいところでもある。実際に起業してからも、国内外を問わず、マッキンゼーの人脈に助けてもらったことがあったという。

「とくに会社を起ち上げたときは、ありとあらゆる局面で助けていただきました」

南場氏はパートナーに就任して3年で、マッキンゼーを退社したが、後ろ足で砂を蹴るような辞め方をしたのであれば、このようなことには決してならないであろう。信頼関係の構築があってこそ、組織で働いていた時に築いたネットワークを活かすことができるのである。

ところで、パートナーになりバリューも出せるようになったにも関わらず、なぜ南場氏はマッキンゼーを退社し、起業しようと考えたのだろうか。

●自分の作った事業計画書と、とことん付き合うためには、会社設立しかない

「当時、私は、インターネット関係の新規事業の提案をすることが多くなっていました。今から思えば、ヒヤヒヤものですが、そのうちコンサルタントとして横から口を出すだけではなく、実際に自分で事業をやってみたくなったんですね。自分で作った事業企画がサービスや商品として世の中に出るまで、付き合ってみたいと思ったんです」

最近の若者には、コンサルティング会社に入社した当初からアントレプレナー志向を持っている人も多い。しかし南場氏は、コンサルタントとしてコンピューター関係の新規事業に携わるようになって、初めて起業を考えたという。

「パートナーとして、意思決定の場に立ち会うことになったことも、起業したいという想いにつながりました。もともと新しいことに挑戦するのが好きなんですね」

そんな頃、インターネット関係の社長との食事の席で、ネット・オークションをやろうという話になり、南場氏は大いに盛り上がったそうだ。

「そんなに熱っぽく語るのなら、自分でやってみれば、といわれて、川田というマッキンゼー時代の同僚と会社を起ち上げ、オークションサイト『ビッダーズ』をスタートさせました」

南場氏とともに会社を起ち上げた川田省吾氏（現ディー・エヌ・エー取締役・人事管理部長）は、当時の南場氏について次のように語る。

「トラブルが山のように起きました。コンサルタントとしての得意技が使えない領域でも、問題は起きます。南場はそれを解決するために必要な情報を集め、冷静に分析し、必要な手を打って、１つひとつ問題をつぶしていきました。とにかく根気強くやっていきましたね。

　南場のビジネススキルは素晴らしいものです。しかし私が一緒に会社を起ち上げようと思ったのは、そこではなく、彼女には純粋に信用できるところがあるからです。これが起業の一番の動機ですね。ひと言でいえば、南場は誠実な人です。彼女には『誠実』というオーラがあるんです」

　南場氏と同じく、マッキンゼーでコンサルタントをしていた川田氏だが、彼は学生時代にベンチャー企業を起ち上げていたという。

「私はビジネスをしたことがなかったので、彼の経験にとても助けてもらいました」と南場氏は当時を振り返る。

「夜中の３時に、こう直しましょう、といえば、朝の９時には、全部直って提出されている、これがマッキンゼー時代の川田でしたから、私は彼を『すごい』と信頼していたんです」と南場氏。仕事を通して得た信頼関係がＤｅＮＡの土台を形成している。

『素手で闘う力』――問題解決能力はマッキンゼーで培われた

実際に起業してからは、どのような問題が生じたのだろうか。

「新規事業の提案に関わっていたときと会社の経営は、まったく異なるものでした。構想を立てて、『さあ、やりましょう』となるのですが、その1日目から修正しなければならない問題が続出してきます。

コンサルタントは、構想を立てた後のことには関わらないものなので、構想のその先が大変だということを、身をもって知りましたね」

人の問題、商務的なこと、技術的なこと、さまざまな問題が起きたことだろう。そうしたことと『素手で闘う力』つまり、たしかに素手ではあるが、問題を解決するための思考能力は、マッキンゼー時代に培われてきたのではないだろうか。

企業家とコンサルタントの世界は異なるが、コンサルタントとして身につけた能力は、大いに役立ったことだろう。

「そうですね。新しいことを体系立ててクイックに学び、その中で、複雑な問題を解き明かし、迅速に判断する。こうした過程で身についた力は大きかったと思います。マッキンゼー時代にもスピードが問われましたが、会社経営には、それ以上にスピーディーな判断力や問題解決能力が問われることを知りました」

コンサルタントであれば許されるが、経営者は絶対にやってはいけないことに気づいたこともあったという。

「選択肢がいくつかある場合、マッキンゼー時代は、それぞれのメリットとデメリットを洗い出し、評価するためにみんなでディスカッションしていました。しかし社長はこうしたことを絶対にやってはいけないということに、しばらく経ってから気がつきました。社長になった最初の頃にはディスカッションをするクセが残っていて、社員と一緒にメリット、デメリットを判断することもありましたが、これでは社長にはビジョンがないのか、と指摘されます」

たしかに経営者は自らの意志を持たなければならないが、逆にコンサルタントは自分の意志を出しすぎてはいけない立場にいるものだ。

「何かあった場合、コンサルタントはさまざまな仮説を考えて、それに沿った情報をたくさん集めてきます。そのためどうしてもバタバタする感じなのですが、経営者は何かあってもどっしりと構えて、大丈夫だというタイプでなければならないんですね」

現在、ＩＴ関連の若い経営者には、カリスマ的な強いリーダーシップで会社を引っ張っていくタイプが目立つが、南場氏は、また違うスタイルを持ったトップだといえる。

「私が持っているものは、論理的な問題解決能力だけです。嗅覚が鋭くて、ここを掘ったらお金が出る、といえるようなカリスマ性はありません。社員がとてもがんばってくれているので助かっています」

南場氏はカリスマを持ったタイプのリーダーではなく、社員とともに進んでいく『協働指向型』のリーダーであるようだ。

最後に南場氏の人生におけるターニングポイントをいくつか挙げていただこう。

「１つは親元を離れて、自分の頭で考えはじめた大学時代でしょうか。

そしてマッキンゼーに入社して、一度逃亡するのですが、また戻ってきて、その後も逃亡したいと思う時期もありましたが、結局逃げなかったことだと思います。

それともう1つ。『自分がだめでも、自分をさらけ出してみんなに助けてもらい、結果として成功すれば、肩の力が抜けて、仕事はうまく回りはじめる』とわかったときです。人は成功体験から成長するものだと思います。組織を作った今は、社員みんなに成功体験をしてもらいそれぞれに成長してもらう、これしかないと考えています」

南場氏の話を聞くと、企業風土が社員の働き方を作るのだと実感させられる。マッキンゼーの企業風土、企業文化が培った『素手で闘う力』は、そこで働いていた南場氏の身に備わっていたのだ。

第2章

型ができるとポケットができる

[ゲスト] 谷村 格
ソネット・エムスリー株式会社 代表取締役CEO

[講師] 高橋俊介

谷村 格（たにむら・いたる）

1987 年：国際基督教大学卒業後、マッキンゼー・アンド・カンパニーに入社

2000 年：ソネット・エムスリー設立、同社代表取締役 CEO

●会社概要

名称：ソネット・エムスリー株式会社（So-net M3,Inc.）

設立：2000 年 9 月

代表取締役：谷村格

資本金：11 億 743 万円

株式上場：2004 年 9 月（東証 1 部）

従業員：66 名

事業内容：インターネットを利用した医療関連サービスの提供

●子会社

So-net M3 USA Corporation

MDLink,Inc.

Medi C&C Co.,Ltd.

２０００年９月に設立して以来、右肩上がりの成長を続け、２００４年４月に東京証券取引所マザーズ市場に、その後２００７年３月に東証１部に上場したソネット・エムスリー。

同社は設立７カ月目にしてすでに黒字を計上し、４年目にはマザーズ上場を果たした。現在、資本金11億７４３万円、従業員66名（２００７年７月）。２００６年度の売上高（連結）57億２９００万円、前年比49％増という著しい成長を見せるソネット・エムスリーは、活気にあふれたプロフェッショナル集団である。

同社の事業内容について谷村代表取締役ＣＥＯは、「簡単にいえば医師にとっての『Ｙａｈｏｏ！』を提供しています」と語る。

同社が提供する医療専門サイト「ｍ３・ｃｏｍ」（http://www.m3.com/）には、15万人の医師が登録している。現在、日本には25万人の医師がいるが、その60％にあたる人々が登録していることになり、１日平均３万アクセスがあるという。しかも「ｍ３・ｃｏｍ」は登録・利用は、すべて無料である。

「ｍ３・ｃｏｍ」は、サイト内に製薬会社や医療機器メーカーの「ＭＲ君」と呼ばれるサービスコーナーを設けている。「ＭＲ」とは、製薬会社などに所属する医薬情報提供者のこと。同社はＭＲ君の1コンタクト数を情報提供会社に課金することで収益を得ている。

この「ＭＲ君サービス」的なビジネスモデルは、医薬先進国であるアメリカにも存在せず、インターネットを介した初のビジネス特許を２００５年1月に取得している。

ソネット・エムスリーの日本初となる医師・製薬会社・医療機器会社を結ぶネットワークからは、次々とニュービジネスの芽が育ってきている。

今後の同社の取り組みは、「ＭＲ君」事業モデルの海外進出、会員ベースを活用した患者向けレファレンスサービス、ファイナンシャルサービスなどの展開を進めることであり、その目標として、タテ割り社会である医療業界の変革を視野に入れているという。

社名から分かるように、ソネットの運営母体であるソネットエンタテインメントがソネット・エムスリーの58%の株を所有している。大学卒業後すぐにマッキンゼー・アンド・カンパニーに入社し、13年間の勤務を経た谷村格氏が起ち上げたソネット・エムスリー。同社の起業はそもそもマッキンゼーのクライアントであったソネットに医療分野でのネット情報サービスが有望だと谷村氏が提案したことがきっかけであった。ソネット幹部の谷村氏への評価は「谷村氏は穏健であり、起こったミスはしょうがないが、強い意志・執着心を持ち、ミスを完全にリカバリーすることが重要だという経営信条を持つCEOである。場を作ることに長けていて、コロンブスの卵的な発想を数多く持っている」というものであるという。

谷村代表取締役CEOが、マッキンゼー時代に得た大きな考え方に「是々非々を明確に示すこと」、「数多くの現場を踏んだ上での、理論と直感のバランス感覚を持つこと」があるという。

この考え方は、ソネット・エムスリーの成功と成長に対してどのように影響しているのだろうか。

●日本にも、世界にもなかったビジネスモデル『ＭＲ君サービス』

「『ｍ３・ｃｏｍ』は医師が集まるサイトなので、医師に自社の情報を伝えたい製薬メーカーや医療機器メーカーから、我々はスポンサー料をいただいています。スポンサーである企業には、その見返りとして『ｍ３・ｃｏｍ』内で『ＭＲ君サービス』というサービスを提供しています」

『ＭＲ君』とは製薬、医療機器メーカーの実在の営業マンを意味している。サイトでは、顔写真入りのＭＲ君が提供する情報を見て、医師は自分が気に入った営業マン（ＭＲ君には女性も多い）を登録、ネットを介して医師とＭＲ君は直接やりとりすることができる。

「何人もの医師から登録されている人気のＭＲ君がいます。彼らは日本の医薬関連の営業マンの中で最も販売成績のよい営業マンだと思いますね」

製薬、医療機器メーカーの営業マンは、どんなにがんばっても、１日の間で実際に会って営業できる医師の数は決まっている。しかしネットを介せば、営業マンはより多くの医師とコミュニケーションをとることができる。

『ＭＲ君』は、製薬会社や医療メーカーにとって、大きなビジネスチャンスになる。そのため、ＭＲ君で提供される情報は、極めて質が高くなっていく。例えば、ある製薬メーカーのＭＲ君サービスでは、アメリカでも最先端の循環器に関する医療雑誌の記事を、週刊ペースで日本語に翻訳し提供しているが、この記事を読みたいために、このメーカーのＭＲ君を登録する医師も多いという。

「また我々は、スポンサーと一緒にスポンサーのチャネルを作っています。コンテンツも製作しているのです」

『ｍ３・ｃｏｍ』における医師のＭＲ君登録は、毎年増加の一途をたどっているが、そのことで営業マンと医師のコミュニケーションはより活発になっている。

ではスポンサーである製薬メーカーなどには、具体的にどのようなメリットがあるのだろうか。

製薬メーカーはＭＲを雇うのに年間２０００万円の費用を必要とする。ＭＲが１年間に医師に会う回数は平均２０００回。つまり、１回の面談におよそ１万円かかっていること

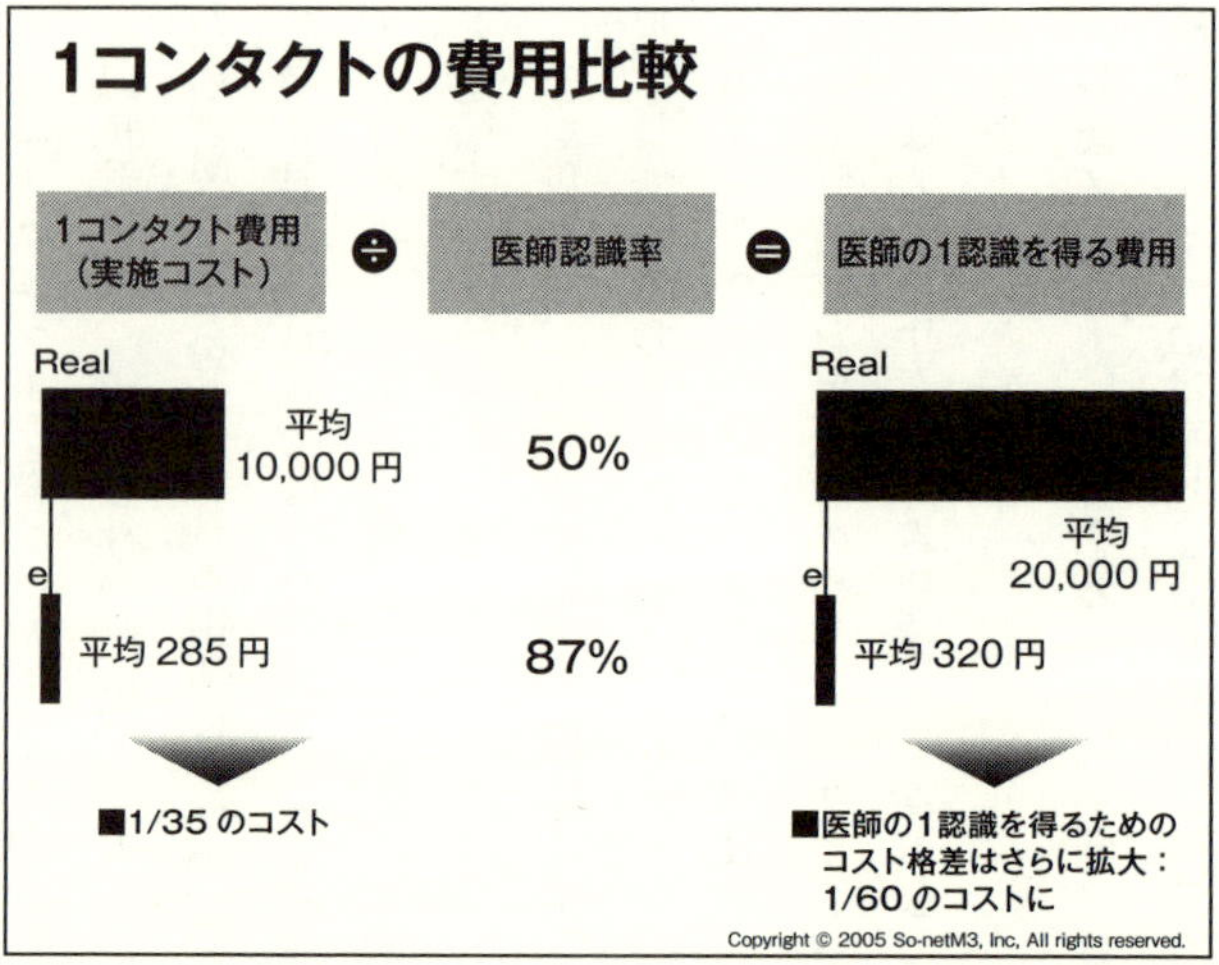

になる。１回の面談時間は５～10分ほどだ。

「我々の仕組みでは、医師が１回コンタクトしてくれるための費用は平均２８５円になります。これは実際に会った場合の約35分の１の経費ということです。

しかも、医師の認識率をみると、実際にMRに会った場合は50％に留まっていますが、ネットでは87％に上がっています。

医師は忙しい昼間に、何社もの営業マンと面談しているわけですから、数日経つとどうしてもその半分は忘れてしまっています。

しかし、ネットなら時間に余裕があるときに、自分の意志でアクセスしているわけですから、医師の認知率を高くすることができますよね。

製薬・医療機器メーカーにとって最も重要なことは、メーカーからのメッセージを医師が頭の中に残してくれることです。

その単価をみると、実際に営業マンが足を運んで『1認識』を得るための経費が1万円で認識率は50％なので、認識してもらうためには2万円が必要になります。

一方、ｍ３・ｃｏｍが提供するネットを介したサービスを使った場合は２８５円で認識率は87％なので、認識のためには３２０円が必要になります。

つまり『1認識』を得るためのコストは、ｍ３・ｃｏｍを利用すれば、これまでの約60分の1ですむことになります」

実際に認識してもらうためには、もちろん1回のコミュニケーションでは足りないことが多い。医師に１００％認識してもらうことを考慮すると、これまでのアクセスとｍ３・ｃｏｍを使ったアクセスではさらに費用の格差が開き、ＭＲ君サービスの威力の強さがさらに際立つことになる。では、この威力は売上にどう影響するのだろうか。

「図〈導入後の売上への影響〉は、１万６０００人の医師を４つのグループに分けたもの

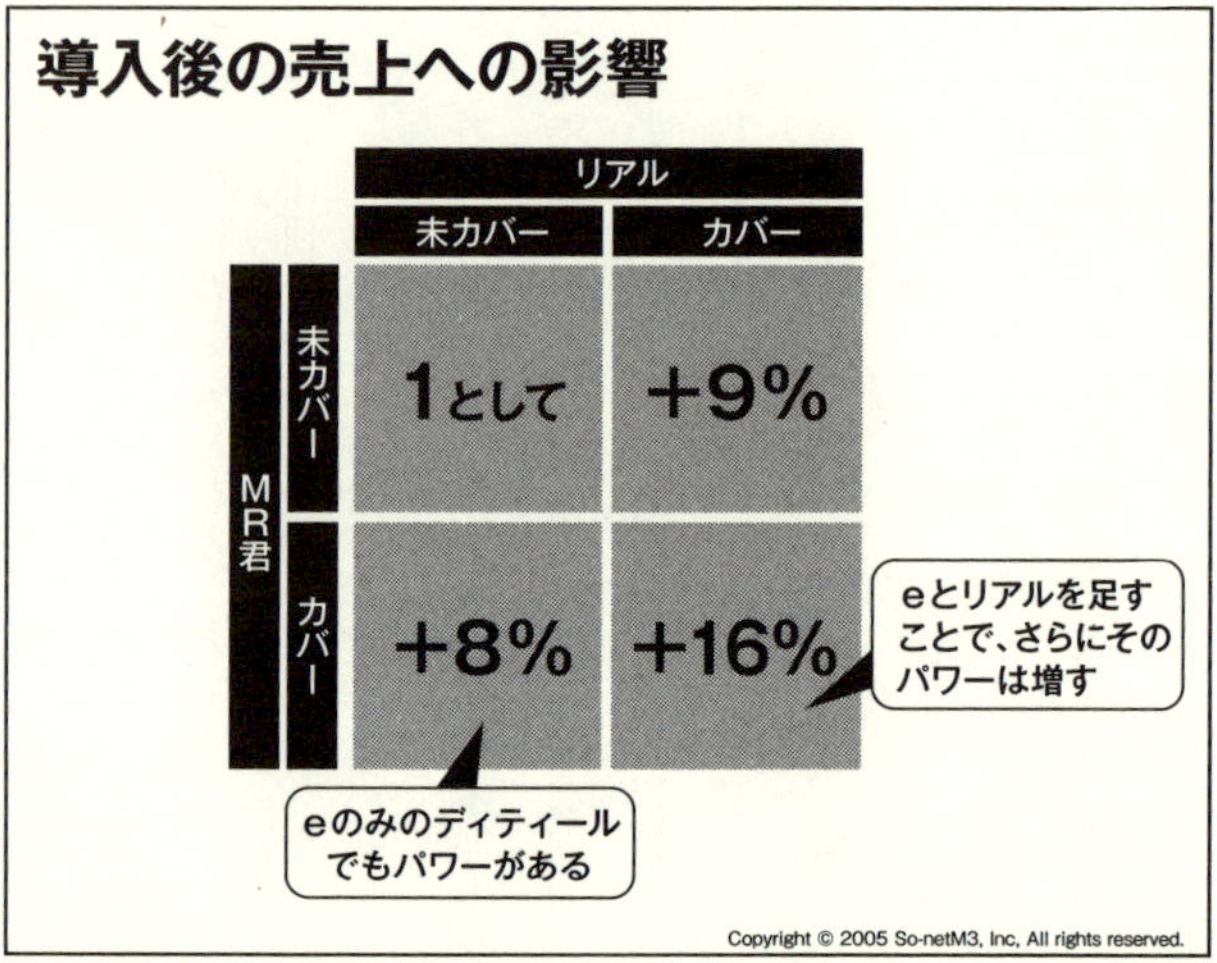

です。

ヨコ軸は実際にＭＲが訪問している医師と、していない医師。タテ軸はネットでコミュニケーションをしている医師と、していない医師。左上は、実際でもネットでもＭＲとコンタクトがない医師になります。

この図にあるように、ＭＲが実際に訪問すると売上は９％伸びます。ネットのみのＭＲ君でも８％伸びます。実際の訪問とネットの両方をやると16％、最も伸びることになります。

我々のＭＲ君サービスは、実際のＭＲの仕事を置き換えるものではなく、あくまで営業マンの後方支援です。このような相乗効果が

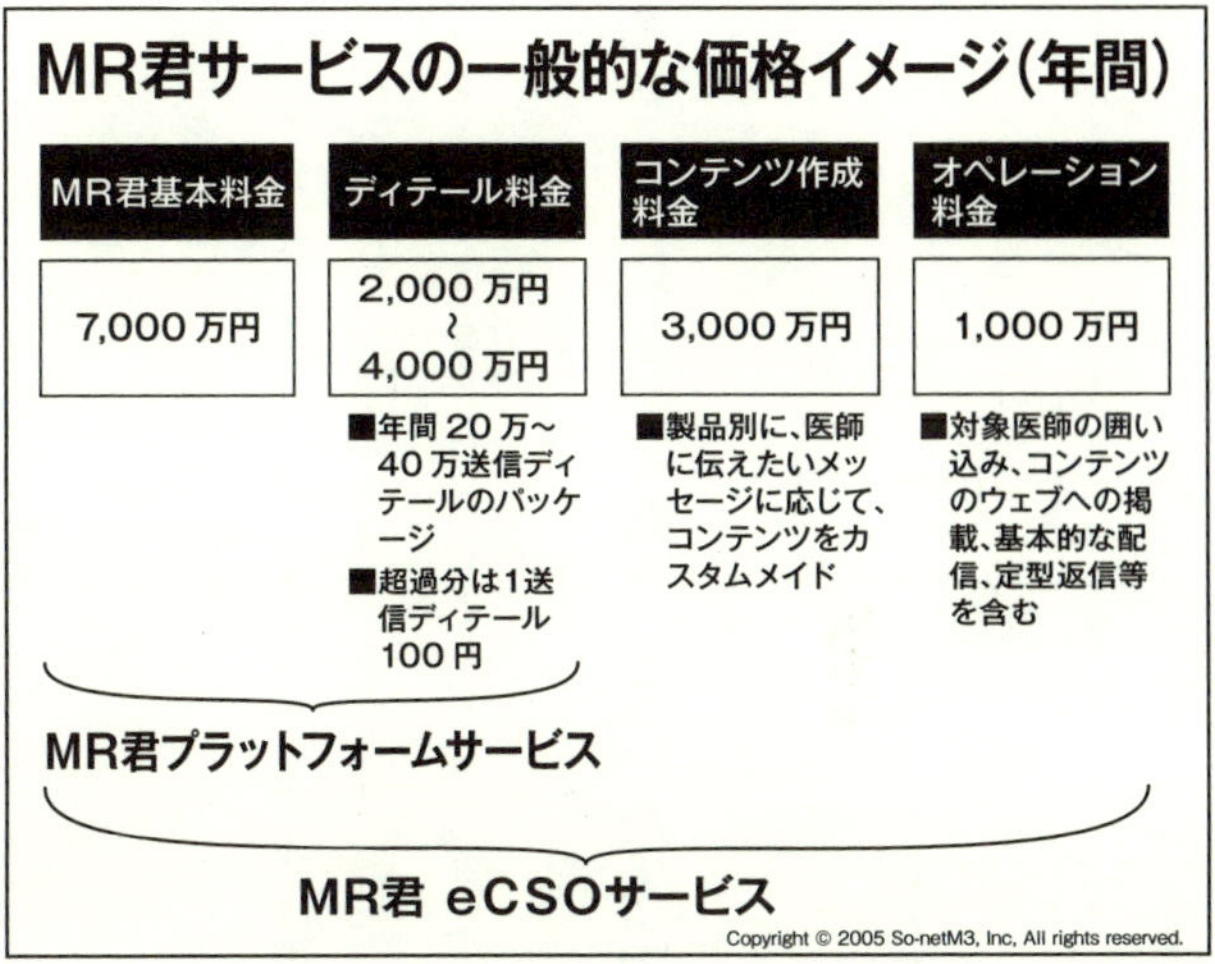

MR君サービスの一般的な価格イメージ（年間）
MR君基本料金
7,000万円
ディテール料金
2,000万円～4,000万円
■年間20万～40万送信ディテールのパッケージ
■超過分は1送信ディテール100円
コンテンツ作成料金
3,000万円
■製品別に、医師に伝えたいメッセージに応じて、コンテンツをカスタムメイド
オペレーション料金
1,000万円
■対象医師の囲い込み、コンテンツのウェブへの掲載、基本的な配信、定型返信等を含む
MR君プラットフォームサービス
MR君 eCSOサービス
Copyright © 2005 So-netM3, Inc, All rights reserved.

あるため、ＭＲ君サービスを利用していただけるわけです」

　ＭＲ君サービスの価格は、基本料金７０００万円。ディテール料金は２０００万円から４０００万円。コンテンツ作成料金は３０００万円。オペレーション料金は１０００万円である。

「ＭＲ君サービスを利用しようとなれば、およそ１億３０００円から１億５０００万円が費用としてかかることになります。

　この費用は、現実のＭＲの人員に換算すると６、７人分になりますが、単純に計算しても、ＭＲ君サービスは、ＭＲ３００人くらいのパワーになるわけです」

じつは、このビジネスモデルは、日本だけではなく、世界中を見渡しても存在しないソネット・エムスリーだけのものだ。そのため同社は、２００５年１月に、ＭＲ君に関する特許を取得し、ネットを介した初のビジネスモデルの特許となった。

もちろん、現在、ＭＲ君事業モデルの海外展開も進めている。

さらに会員（医師）ベースを活用した新規事業の開発を行ない、医師に相談できるＱ＆Ａサイト「ＡｓｋＤｏｃｔｏｒｓ」を提供している。

●社会人になって楽をしないために、キツイ会社マッキンゼーに入社

ところで、社名の「エムスリー（Ｍ３）」は、「医療（Ｍｅｄｉｃｉｎｅ）」、「メディア（Ｍｅｄｉａ）」、『変容（Ｍｅｔａｍｏｒｐｈｏｓｉｓ）』の３つのＭを表わしている。

インターネットというメディアの力をフルに活かして、医療の世界を変容させている谷村氏だが、学生時代から企業家を志していたのだろうか。

「いいえ、ＩＣＵ（国際基督教大学）では、経営の勉強もしていませんでした。ラグビー

部でしたが、これがとても弱い。

じつは根が怠惰《たいだ》な性格で、弱いチームでも平気で楽しんでしまうタイプでした。社会人になっても楽なところにいたら、そこに安住してしまうような気になって、ともかく就職する時はキツイ会社に入ろうとマッキンゼー・アンド・カンパニーに入社しました」

谷村氏が怠惰だとは思えないが、ともあれ、マッキンゼーは、モーレツに働く〝キツイ会社〟であることには違いない。

「実際に入社してみると、マッキンゼーでの仕事は、とても面白いものでした。何が正しくて、何が正しくないのか、きちんと議論できるところが、非常によかったですね。

入社したての頃に、きっちりとトレーニングしていただいたことが、私の財産になっています」

『考えを導き出すための働き方』のトレーニングを受けたことが最も役に立ったと、谷村氏はいう。

「50回インタビューに行け、などといわれて現場をこなしてきました。これはロジックだけではだめだということで、このような現場主義で仕事をしてこれたことが、今になってみるとよかったと思います。右脳と左脳が、バランスよく働く思考回路を身につけることができました」

谷村氏はマッキンゼーで働いた13年間の後半６年間は医療業界を担当した。

「いろいろな問題がありますが、医療業界は技術的に進んでいて専門性が高い業界です。ここが面白いところですね。

マッキンゼー時代には、事業の統廃合などのコーポレートファイナンスなども手がけるようになり、ツールが増えていくことが実感できるようになりましたね」

●フラットで複数のリーダーが出る、マッキンゼーの組織が力を倍増させる

ソネット・エムスリーは２０００年に設立されたが、谷村氏はマッキンゼーで働くことに疑問を持っていたわけではないという。どれほど周到に準備された起業でも、リスクが伴うものである。谷村氏はなぜ、13年間勤めたマッキンゼーを退社し、会社設立に踏み切っ

たのであろうか。

「自分のツールが増えていくにつれ、コンサルタントとして横から口を出しているだけではなく自分でやってみよう、という気持ちになったのです。

じつはソネット・エムスリーの事業のきっかけは、マッキンゼー時代にプロジェクトのひとつとして提案したものです。プロジェクトを一緒に進めていた人物とソネット・エムスリーを起ち上げました」

ソネット・エムスリーの取締役だったカラハン・トム氏が、ともに会社設立に携わった人物である。

「月曜日の朝に起ち上がるはずだったシステムが、前日である日曜日の朝になってもまったく動かない。さらに月曜日の朝になってもサイトにアクセスできない。起業して最初の1週間は徹夜続きでした。そのとき、谷村はひたすら、自分で使ってみて、間違い探しをしていましたね。

とにかく、これをどうにかしてうまく稼動させる、という意欲はスゴイ。ミスはあるかもしれないが、起こったミスを直さないことは許さない。その執着心、意志力はスゴイ。

その後もどうにかして会社を黒字化して、最大限のスピードで成長させていっています。谷村は意志力で目標を達成してきました」

と、カラハン氏は当時を振り返る。

「結果にたどりつくためには、どうしたらよいのか、意志の力でどんなハードルも越える人」というのがカラハン氏の谷村評である。

ソネット・エムスリーの社員は谷村氏についてこう語る。

「判断力が非常に早い。あっという間に正しい判断をする人」

「コロンブスの卵を10個も20個も抱えていて、課題があると『こんなものもあるよ』と見せてくれる人」

「新刊の本を読む、最近のマイナーな映画を観る、すべてがアイデアにつながっているようです」

「カリスマ的に俺について来い、というタイプではありませんね。彼が創った場の魅力がみんなを惹きつけていると思います」

谷村氏が持つ知的資産の何が、彼を経営者として成長させてきたのだろうか。

「『場を創る』という話がありましたが、じつはマッキンゼー自体がそのような組織だと思います。

マッキンゼーは、極めてフラットでリーダーシップを持った人材をたくさん輩出しています。そのような組織で育ってきたので、私にはその運営方法しか分かりません。しかしマッキンゼー式ともいえる会社運営が、私の力を超えてソネット・エムスリーを強くしている要素の1つになっているのだと思います」

さらに、谷村氏は次のように指摘する。

「会社経営は最初からうまくいくはずがありません。とくにネット事業は最初からうまくいかないのは当たり前で、徹底的に直し続けていく。それを楽しいと思える工夫をしていくことが必要ですね。

そこにはスピードが必要です。

スピードはマッキンゼー時代に学ぶことができました」

●ワクワクする楽しいアイデアにはエネルギーがある

谷村氏は「仕事を楽しむこと」の名人のようである。

「アイデアにはそれ自体にエネルギーがあるように思います。ワクワクするようなアイデアには楽しいエネルギーがあり、逆にしかめっ面で出てきたアイデアには、マイナスのエネルギーがあるように思います」

谷村氏の話を聞いて思い浮かぶのは『型ができるとポケットが増える』ということだ。社会に出たばかりの若いうちに、働き方の型を徹底的に仕込まれると、その後、仕事をしていくうちに、その人には「アイデア」、「切り口」、「フレームワーク」などといったポケットがどんどんできてくる。

しかし、いくらがんばって働いたとしても、型を持っていない人間には、ポケットができていかない。

谷村氏は働き方の型がしっかりできていたからこそ、ポケットが増えて、ワクワクするようなエルネギーのあるアイデアも生まれるのだろう。
これは、経営者として成功している理由でもあるのではないだろうか。

第3章

夢追い人
――日本から世界一を目指すために

［ゲスト］ 石川真一郎
株式会社 GDH 代表取締役兼ＣＥＯ

［講師］ 内田和成

石川真一郎（いしかわ・しんいちろう）

1991年：東京大学理学系大学院物理学専攻修士課程修了後、ボストン コンサルティング グループ（BCG）に入社

1995年：BCG派遣により欧州経営大学院（INSEAD）で学びMBA取得

1999年：BCG退職後、株式会社ディジメーション代表取締役に就任

2000年：株式会社ゴンゾ・ディジメーション・ホールディング（GDH）設立。取締役COO兼CSOに就任

2001年：株式会社ゴンゾ・ディジメーション・ホールディング代表取締役社長兼CEOに就任と同時に、GDHグループを統括

2004年：映像産業振興機構（VIPO）理事に就任

2005年：社団法人日本経済連合会産業問題委員会エンターテインメント・コンテンツ産業部会委員就任

●会社概要

名称：株式会社GDH
設立日：2000年2月
代表取締役：石川真一郎
所在地：東京都新宿区
資本金：28億6100万円
株式上場：2004年11月9日（東証マザーズ）
従業員：55名
事業内容：グループ企業の経営戦略および企画制作策定と実行、グループ全体の財務経営管理、コンテンツ投資、作品投資、版権管理、ワールドワイドなコンテンツ開発、ニューメディア向け事業展開、海外番販

●グループ会社

株式会社ゴンゾ
設立：1992年9月
代表者：藤田純二
事業内容：アニメーションの企画・開発・制作業務／キャラクター・作品世界観等のプランニング・デザイン・編集・コンサルティング業務／クリエーター・マネジメント業務／版権管理業務／アニメーションの販売および輸出入業務／3DCGの企画・制作および映像編集業務／映画・TV・CMなど各種メディアの企画・制作業務／アプリケーションソフトウェアの開発

株式会社フューチャービジョンミュージック
設立日：2003年11月
代表者：藤田純二
事業内容：アニメーション作品の音楽制作とその著作権管理、および作詞家や作曲家の発掘、育成、マネージメント。「良質のアニメに良質の音楽を」をモットーに、世界に通用するアニメ音楽を制作

GO-N Productions（仏国法人）
設立日：2004年6月
代表者：Eric Garnet
事業内容：世界マーケット向け、キッズアニメ映画作品およびTVアニメシリーズの開発、財務管理および制作。アニメ作品所有権の確立とコピーライトの管理

株式会社ゴンジーノ
設立日：2005年7月
代表者：吉田 悟
事業内容：キッズ向けアニメーションの企画・制作業務

株式会社ゴンゾロッソ
設立日：1963年3月
代表者：守屋秀樹
事業内容：オンラインゲームの企画・運営、モバイルサイト・ECサイトの企画・運営、各種映像・WEBコンテンツ制作など

株式会社GDHキャピタル
設立：2005年12月
代表者：後藤文明
事業内容：コンテンツファンドの組成および運用、コンテンツ企業向けベンチャー・キャピタルなどの高付加価値な金融サービスの提供

株式会社GK Entertainment
設立日：2006年2月
代表者：姜兌龍
事業内容：アニメーションの企画・制作業務

株式会社GDHは、2000年2月に設立されたアニメーション企画、製作、販売、版権投資を目的とした会社である。代表取締役社長兼CEOはボストン コンサルティング グループ出身の石川真一郎氏だ。

設立から4年目の2004年11月に東証マザーズ上場を果たし、現在、資本金28億6100万円、従業員55名（2007年7月）。2006年度の売上高（連結）87億1200万円という活気にあふれたプロフェッショナル集団である。

同社の事業内容について石川社長は、

「ひと言でいうとアニメーションの会社。GDHは次世代へ向けた映像文化を、国際的なネットワークで提供していく、グローバル企業です。

また、GDHは優れたグループ企業を擁しており、その卓越したクリエーティブ・スタッフ、国際的なマーケティング力、そして『GONZO』のブランド力を活用して、次世代デジタル映像コンテンツにおけるリーディング・カンパニーとして革新的な挑戦をしていきます。

アニメーションをスタートとし、メディアのリーダーシップが取れるのではないかと思っています」と語る。

●クリエーターとビジネスマンが合体

ＧＤＨの企業理念は、

「私たちはジャンルを越え、国境を越え、誠意と情熱を持って協力し、尊重し、お互いを高め合いながら、革新的で、魂を震わすコンテンツを創造します」

と、柔らかな表現になっているが、ここには石川氏の想いと苦労が凝縮されている。

ＧＤＨは、クリエイト・マネジメントをする人間と、ビジネス・マネジメントをする人間に分かれている。前者を担うのが、「ＧＯＮＺＯ（ゴンゾ）」というブランドを立ち上げていた村濱章司氏（株式会社ＧＤＨ最高顧問）で、後者が石川氏である。

「グローバルなコンテンツを作っていこう。世界で1番を目指していこう。そのためには、クリエーターをどのようにマネジメントしていくかということが、大きな課題でした。クリエイティブな要素とビジネスの要素をスパイラルなものとすることで、よいものを作っていこうという企業構造を作る。そうすることで、常に最先端でいることができ、また組織としても活気を保つことができると思っています。情熱を持って行動する。このことは裏返していうと、『ケンカ』をしながらやっていこうということです。

　極端な話をすれば、クリエーターは、会社が倒産してしまってもいいものを作りたいと考えるものです。例えば1年間で制作するよりも、３年間かけてよりよいものを制作したがります。

　一方、ビジネス側の人間は、クリエーターにコストを守らせ、納期を守らせようとします。そのような相反する役割を、企業のトップ同士が妥協せずに、とことん突き詰めていくという姿勢を社員に見せることを、情熱を持って行う。妥協ではなく、さらに高いレベルでの結論を出そう、そのような想いが、さきほど挙げた企業理念の言葉になりました」

　石川氏の発した言葉の最後の部分は、『ＧＯＮＺＯ』というブランドの方向性を表しているという。

「企業文化として分かりやすく説明するならば、『ＧＯＮＺＯ』はソニーやホンダのようになりたいと考えています。それは、ただソニーやホンダの対抗馬になりたいわけではなく、『ＧＯＮＺＯ』が、両者のようなブランド価値を持てるようになりたい、と思っています」

と石川氏の言葉は、常に明確である。

●アニメーションの市場規模は2兆円を超える

「どうしても『アニメ市場』と、ひと括りにしてしまいがちですが、その中身はじつに多様です。図〈アニメーション関連市場は２兆円を超えるマーケット〉を見てください。アニメーションの市場には、キャラクター・ライセンス市場を中心にマンガ市場、ゲーム市場があります。一般に、アニメ市場は２兆円を超える市場規模があるといわれています」

「１つ目は〝ホビー市場〟。わが社が最も得意な分野です。『機動戦士ガンダム』や『新世紀エヴァンゲリオン』、『鋼の錬金術師』などがその具体的な商品で、収入源は、ＤＶＤやホビー玩具と呼ばれるものの売上です。

次の市場が〝劇場市場〟と呼ばれるもので、ディズニー、ピクサーなどがそれに当たります。日本企業では、宮崎駿監督の作品などを提供するスタジオジブリが有名ですが、グローバルではまだまだ弱いといえます。

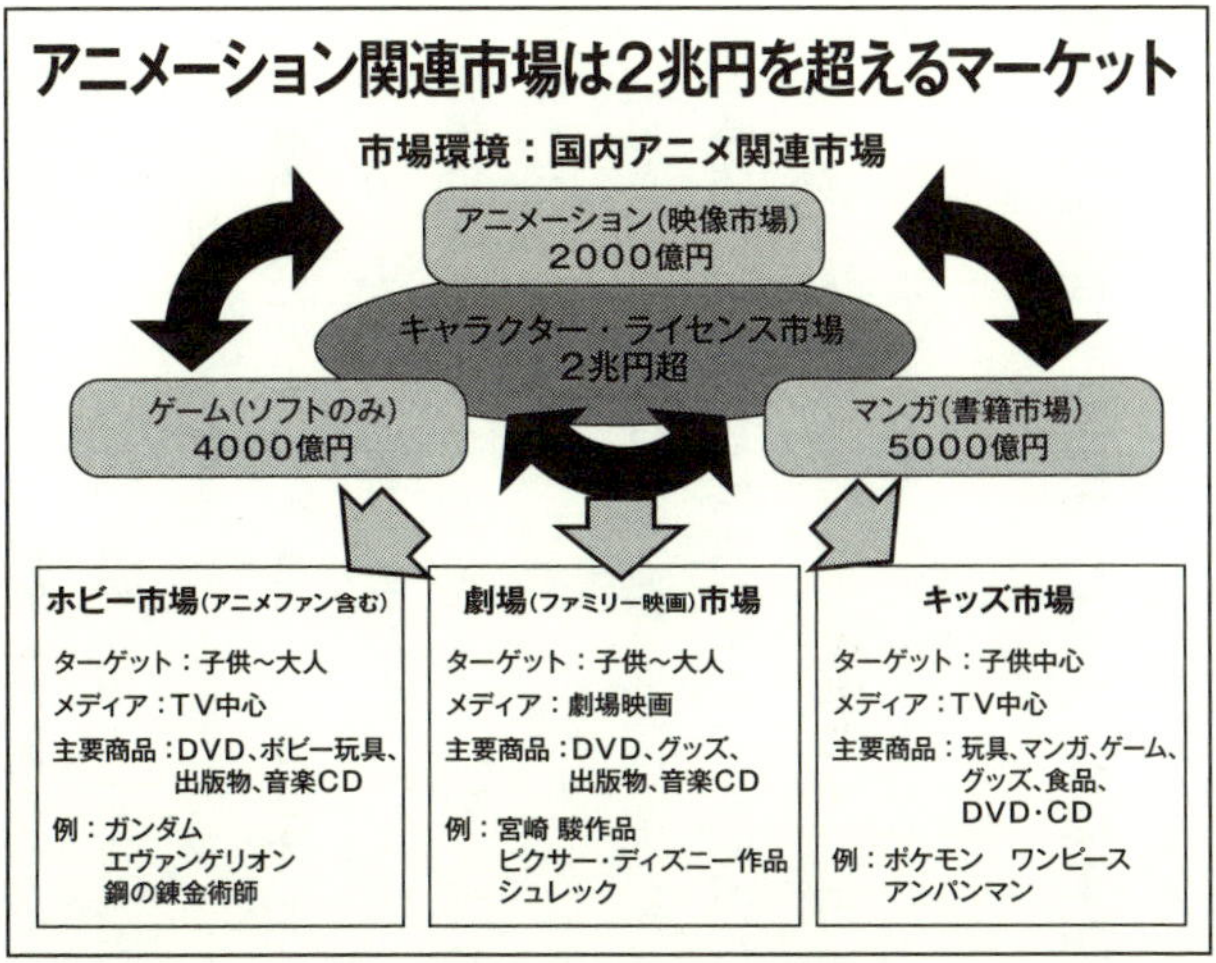

３つ目の分野が〝キッズ市場〟。先の２つの市場と違い、この市場は日本が最も強い部門です。『ポケットモンスター』こと〝ポケモン〟や『アンパンマン』など、マンガが影響力を持っています」

２００６年夏、ＧＯＮＺＯは宮部みゆき氏原作の映画『ブレイブ・ストーリー』の製作を手がけた。映画は全国３６３スクリーンで公開され、ＧＤＨは劇場市場への参入を果たしている。

この３つの分野の中で、ＧＤＨが最も力を入れ、ブランディングを進めているのが、図の左端にあるホビー市場だという。

「アニメーション市場では、映像が最も付加価値を持っています。自動車に例えるならば映像はスポーツカー。クリエーターが本気で作ると、こんなすごいものができます、というようなものです。

この市場は、クリエーター個人のファンがいて、どんなに高い価格をつけても買ってもらえる市場だともいえます。ある意味、非常に手堅い市場です。ファンがついているので、しっかりしたものを作り続ければ、マニアックですが、市場はできあがっているわけです。市場規模は小さいかもしれませんが、ベンチャー企業には参入しやすいジャンルだともいえます」

逆にキッズ市場は、ある程度の資本力が必要になるという。作品を人気雑誌に連載して、いい時間帯にテレビ放映をする、といったマーケティングドリブンな市場だからだ。

「バンダイや東映アニメーションなどがキッズ市場における有名どころです。自動車に例えると、大衆車の部門だということができます」

●宇宙物理学を研究していたはずが……

郵便はがき

料金受取人払

赤坂局承認

9280

差出有効期間
平成20年8月
2日まで

1 0 7 - 8 7 9 0

111

東京都港区赤坂1-9-3
日本自転車会館3号館
ゴマブックス株式会社
愛読者係　行

●書籍名

●お買い上げいただいた書店

都道　　　　区市
府県　　　　郡町

書店名

小社の本をお読みくださいまして、まことにありがとうございます。今後の刊行物の参考にさせていただきますので、アンケートにご協力お願いいたします。なお、ご提供いただきました個人情報は、弊社からの各種案内に使用させていただく場合がございます。

フリガナ
ご氏名　　　　男
　　　　　　　女　　年　　月　　日生　　歳

ご職業　1 会社員（管理職・営業・事務職・技術職・その他）　2 公務員　3 教育職
4 医療・福祉（医師・看護師・その他）　5 会社経営者　6 自営業
7 マスコミ関係　8 主婦　9 学生（小・中・高・大・その他）
10 フリーター　11 その他（　　　　　　　　）

フリガナ
ご住所　〒

TEL　　（　　）　　　FAX　　（　　）

e-mail　　　　　@

本書をお求めになった動機はなんですか？

1　書店でタイトルにひかれたから　　2　書店でデザインが気に入ったから
3　内容がよかったから　　4　著者のファンだから
5　新聞・雑誌で紹介されていたから（誌名　　　　　　　）
6　テレビ・ラジオで紹介されていたから（番組名　　　　　　　）
7　人から薦められて
8　その他（　　　　　　　）

本書に対する感想を、それぞれひとつずつお選びください。

テーマ——	1 とても満足	2 満足	3 普通	4 よくない
お役立ち度——	1 とても満足	2 満足	3 普通	4 よくない
タイトル——	1 よい	2 普通	3 よくない	
デザイン・イラスト——	1 よい	2 普通	3 よくない	
定価——	1 高い	2 ちょうどいい	3 安い	

この本をお読みになってのご意見・ご感想をお聞かせください。

ふだん、どのような人のどのような本（マンガ）を読んでいますか？

今後、どのようなテーマ・内容の本をお読みになりたいですか？

コンサルタントだった石川氏は、どうして起業することになったのか。氏の幼少時代から生い立ちを振り返ってみよう。

「私は一般的なサラリーマン家庭に育ちました。父親はゼネコンで働き、母親はいわゆる教育ママ的な、教育熱心な家庭だったと思います」

中学、高校は、名門・麻布中学、麻布高校へ進学する。

「この学校に通ったことが運命を変えましたね。親はとてもまじめな学校に私を入学させたつもりだったのでしょうが、麻布中学、高校は非常に自由な校風で、３００人の生徒がいれば、１００人は一流大学に進む。次の１００人はそこそこの大学に進学。後の１００人は音沙汰が分からない、といった学校でした」

石川氏は学生時代、勉強をした記憶がないという。

「私は国語などの教科は全然だめでしたね。それよりも理論を立て、それを証明していく物理や数学が好きで、勉強というよりも、問題を解いたり考えたりすることを楽しんでやっていました」

大学では宇宙物理学を専攻、大学院では修士課程まで修了する。そんな石川氏がなぜボ

ストン コンサルティング グループ（以下、ＢＣＧ）に入社したのだろうか。

「学生時代は、子供が夢を追いかけているような状態でした。

宇宙物理学という学問はとてつもなく大きくて、人ひとりの寿命ではその果てまで到達できない世界なんです。この学問を専攻している時に、個人の能力もさることながら、人間としての能力の限界にむなしさを感じた、というのがそれ以上の勉強、研究を断念した理由です。

そうして、比較的短い時間で自分の理論の結果が出るものはないか、と考えているときにＢＣＧのインターンシップに出合いました」

当時は、課題を与えられて分析したりすることが非常に楽しかったという。

「経営が科学になっている時代ですから、理系の人間が必要だといわれたことが大きかったですね。自分が作った理論を、すぐに実践で試してもらえますからね」

〝物理と哲学を勉強してきた人間が、コンサルタントに向いている〟――コンサルタント業界でいわれていることである。というのも、コンサルタントにはロジックで詰めていく能力が求められているからだが、まさに石川氏はその言葉を証明したといえるだろう。

●日本が誇る3つのコンテンツ、ゲーム・カラオケ・アニメーション

石川氏とアニメとの出合いは、欧州経営大学院ＩＮＳＥＡＤ時代に遡《さかのぼ》る。

「２０１０年以降、コンテンツの時代が来るということを、ＢＣＧでの仕事の中で私は確信していました。

では、コンテンツで勝負をしようと考えてみると、日本にはどのような材料があるのか。日本で成功して、世界に出ることができるコンテンツには、何があるのか。

日本人は後追いでやることが多く、日本には世界規模のリーディング・カンパニーが出現しにくいという傾向があります。しかし欧州で、日本発のものについていろいろ聞いてみると、『ゲーム』、『カラオケ』、そして『アニメーション』というキーワードを圧倒的に多く耳にしました。世界で勝てるビジネスをやりたい。ゲームは資本の関係で新規事業を起こしても勝つのは難しく、カラオケは下手だし（笑）。残るは、アニメーション。私がアニメーションを事業の中心に据えたのは、このような理由からなのです」

日本に帰国した石川氏は、すぐに行動を起こし、株式会社ディジメーションを設立するが、その時はまだ、ＢＣＧに在籍したままであった。

「友人の１人だった梶田浩司を社長にして事業を展開しました。しかし、しばらくしてどうしても社長になってくれ、という要請があり、それを受けるためにＢＣＧを辞めました」

と、石川氏はいよいよ経営者の道を歩き始めることになる。

創業時からのパートナーである梶田浩司氏は、石川氏についてこう語る。

「人を見る目があるというか、情熱を持っている人間、そしてそれを推進する力を持っている人間を見抜く力を持っていますね。

前向き思考で、非常に仕事が速い。さらに何でも吸収しようという子供っぽいところがあります。それがデジタルコンテンツのリーダーになりたい、コンテンツ時代のリーディング・カンパニーを目指すという非常にシンプルな夢へとつながっていると思います」

●ＧＯＮＺＯとの合併

ＧＤＨを語る上で忘れることができないのが「ＧＯＮＺＯ」との合併である。当時の「ＧＯＮＺＯ」の代表、村濱章司氏と出会って2回目で、石川氏は合併話を決めてしまった。アニメや映画、ゲームなどのコンテンツ業界は、どちらかといえばよい作品を作ることが中心になって、財務戦略をないがしろにしているケースが多かった。

当時、ＧＤＨの石川氏は「これまでの利益率では、なかなかキャッシュフローが回っていかない。そのためには高成長をキープするための財務戦略が必要である」と考えていた。その今までにない発想が村濱氏を魅了することになる。夢の実現のためには、そのような発想、行動が必要不可欠だと村濱氏は感じていた。

「当時、ＧＯＮＺＯはデジタルアニメーションの世界においてはリーディング・カンパニーでしたし、しっかりしたブランドを構築していました。それが、私の顔を見るなり、『ツイている顔だ』と石川氏にいわれて合併しましょうということになりました」

当時のいきさつを、さらに村濱氏に聞いた。

「話を聞くと、ＧＤＨはアニメーションのコンテンツ会社として世界一を目指している会社だという。これはライバルの出現だと思いました。自分がやりたいと思っていることを、彼も同じように話すわけですから。

　ところがいろいろと話をしているうちに、私はアニメーションは作れるけど、事業を展開する能力がない。逆に石川氏はアニメの製作がよく分かっていない。そして石川氏とＧＯＮＺＯはライバルではなく、手を組む相手なんだと思いましたね。当時、私には管理ができないことで、会社が潰れてしまうという危機感もありましたからね」

　実際に合併した後は大変だったという。

「ある意味、アニメーション業界には、お金を稼ぐのは〝悪〟だと考えている人たちが多くいます。そんなところに、『ビジネス』という入口から入っていったわけですからね。障害がたくさんありました。それでも、そのような障害を乗り越えながら切磋琢磨《せっさたくま》していくことで、先にご紹介した企業ビジョンができあがっていったわけです」

●全体像を見る癖が身についた

　経営コンサルタントとしての石川氏の経験は、実際、現在のビジネスにどのような形で役立っているのであろうか。

「コンサルタント時代は、『一歩引いて、全体像を見る』ことを訓練されましたね。人は目の前の問題を解決しようとしがちですが、全体を見渡すことで、思わぬ発見をすることがあります。常に全体を見る癖がつきました」

多くの人に好かれることも、コンサルタントにとって重要な資質だが、石川氏の明るいキャラクターはクライアントからも好評だという。ただ、当時から戦略やビジョンを構築することは得意だが、総務や経理、人のマネジメントができるのであろうか、と参謀としては優秀だったが、経営者の資質に関しては心配されていたところもあった。

「上場したことによって、わが社にもよい人材が入ってくるようになりました。私の至らない点を彼、彼女たちがカバーしてくれています」

組織が機能し始めた今、石川氏をリーダーに、GDHの世界戦略が加速度を増していくことは間違いないようだ。

第4章

まじめで、地味な事業を しっかり作り上げたい

［ゲスト］ 姜 裕文
株式会社リプラス 代表取締役ＣＥＯ

［講師］ 内田和成

姜 裕文（かん・ひろふみ）

1995年：東京大学経済学部卒業後、ボストン コンサルティング グループ（BCG）に入社
1998年：BCG退社。平和株式会社取締役に就任
2000年：ドリームインキュベータ設立に参加
2002年：株式会社リプラス設立。代表取締役に就任

●会社概要

名称：株式会社リプラス
設立：2002年9月
代表取締役：姜 裕文
所在地：東京都港区
資本金：32億6907万円5494円（2007年7月末現在）
株式上場：2004年12月（東証マザーズ）
事業内容：賃貸住宅の滞納家賃保証システムの提供、不動産ファンドのアセットマネジメント、およびこれらに関連するファイナンスサービスの提供

株式会社リプラスは2002年9月に設立。現在、資本金32億6907万5494円、従業員792名（2007年7月）。06年度の売上高（連結）は114億8200万円。設立からわずか2年という速さで、2004年12月、東証マザーズに上場を果たした。

「リプラスは、不動産にかかわる各種の金融サービスを提供することで、不動産を再生し、その価値を向上させていきます。賃貸住宅を中核にすえた複数金融サービスの提供を目指していきます」と語るのは、姜裕文代表取締役CEOである。

●世の中に存在しなかった事業

リプラスには、大きく2つの事業がある。

1つは不動産ファンドのアセットマネジメント。いわゆる不動産の流動化だが、人気のある業態ということもあって、先行している企業も多い。

「我々は、『住宅ポートフォリオへの投資という運用サービス』を国内機関投資家を中心に提供することで、他社とのポジショニングを変えています。ある意味において現在は、銀行にお金を預けても利回りはよくないし、外国の債権を買っても、以前のようなうま味はありません。

投資家の方々は、少しでも利回りのよいものがほしいと考えていますが、その一方でリスクは背負いたくないとも考えています。そのようなニーズはあるものの、行き先がないお金をファンドという形で再生し、より確実な形に組み替えて提供しているのが、リプラスの業務になります」

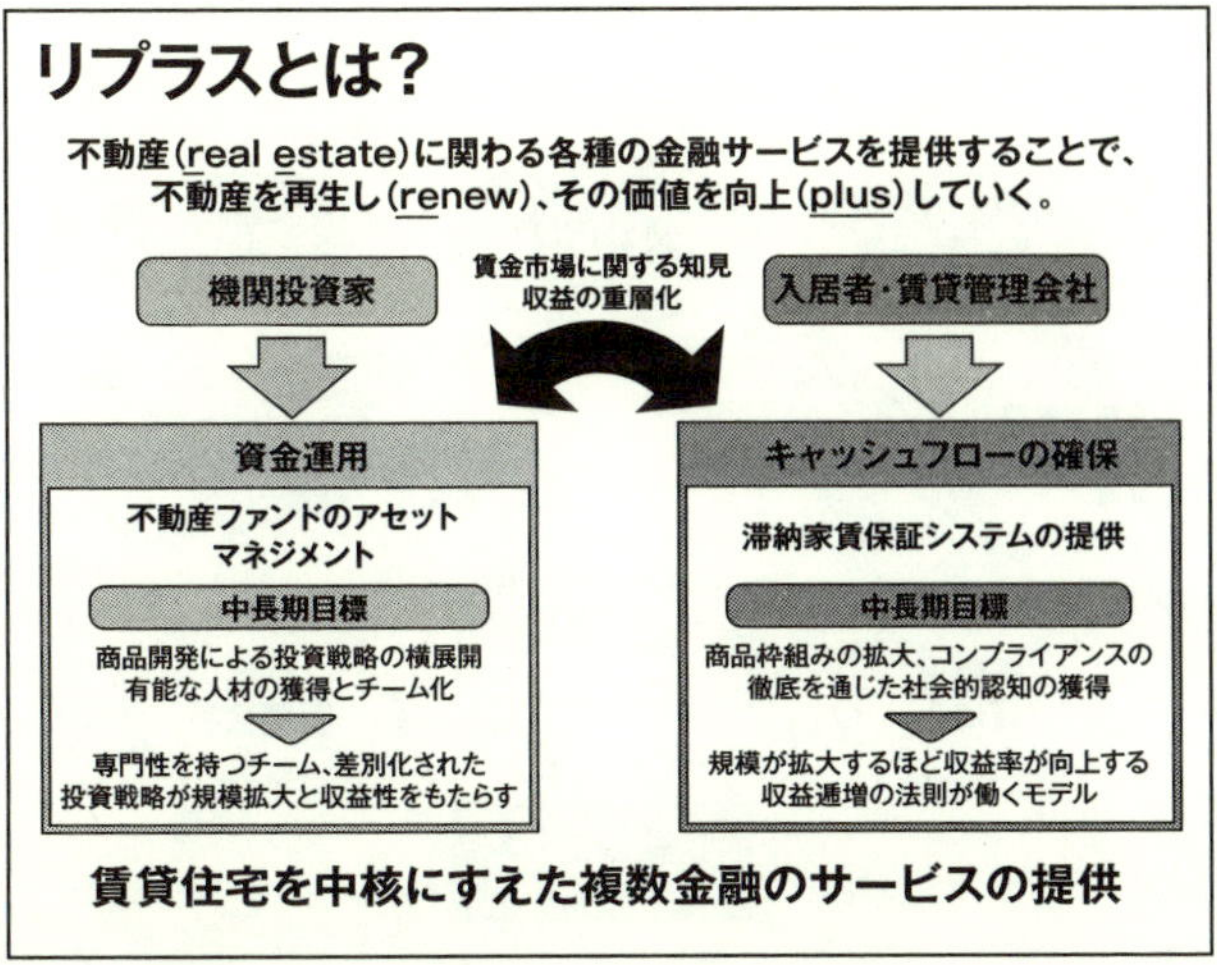

もう1つの事業は、滞納家賃保証である。

「これはまったく新しい事業ですね。そもそもどのような事業なのか、というところからお客様に理解を求めています。とても大きな期待を持つことができるジャンルだと考えています」

姜氏が代表取締役CEOを務めるリプラスは、『住宅』を中心に、この2つの事業が絡み合うようにして大きくなっていこうとしている。

●滞納家賃保証というビジネス

聞きなれない言葉である『滞納家賃保証制

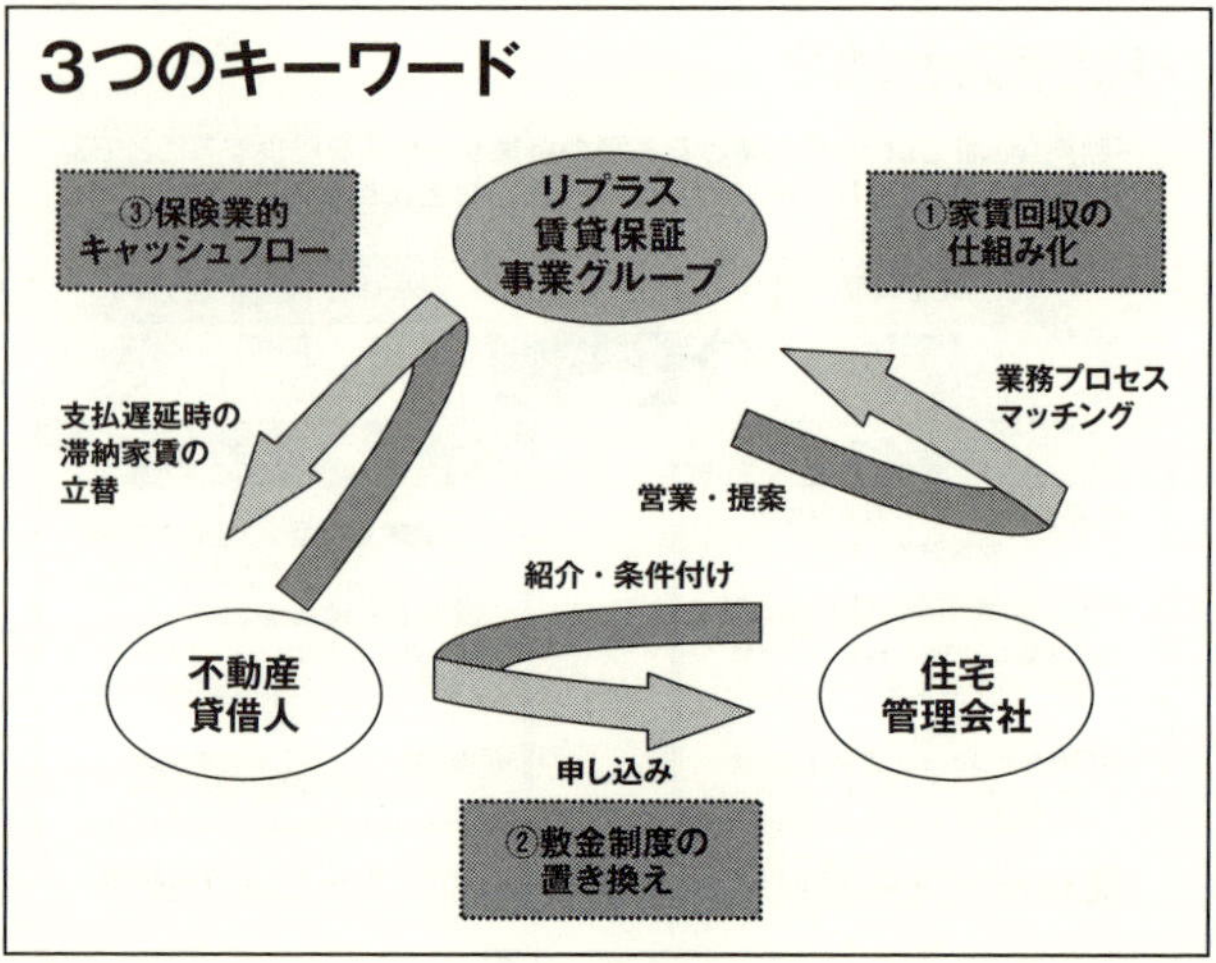

3つのキーワード

度』。リプラスの大きな柱の一方であるこの制度とは、どのようなものなのだろうか。

「我々が行っている業務は、言葉のイメージから保証人代行業者を想像される方もまだいらっしゃるかもしれません。実態はまるで違います。具体的には、次の3つの特徴があります。（図〈3つのキーワード〉）

1つ目は家賃回収の仕組み化。住宅の管理会社、例えば積水ハウス、パナホーム、エイブルといった会社に対して、審査、入金管理、集金督促といった家賃を回収する仕組みを包括的に提供するもので、アウトソーシングの位置付けです。

2つ目は、敷金制度の置き換え。住宅管理

会社が入居者のいろいろなリスクをどのようにヘッジしたらよいのかということが、常に論点になってしまいました。だから敷金が存在したのです。そこで『敷金が必要、連帯保証人が必要だ』という問題を、リプラスが保証することで不要にしたわけです。敷金などを支払う代わりに、リプラスに対して、保証委託料を支払ってください、という旧来の慣習の置き換えです。

3つ目はお金の流れです。いわゆる保険業的なキャッシュフローを生みます。最初に保証委託料を受け取って、後で事故が起きたときに、不動産賃貸人に支払うという仕組みを作りました。これによりリプラスのキャッシュフローが楽になるモデルを作成しました」

これらの業務の中で、現在、1つ目『家賃回収の仕組み化』と2つ目『敷金制度の置き換え』の組み合わせがとくに事業として大きなものだという。

「リプラスが行なっている業務の目的は、実際、アウトソーシングを請け負いながらも、敷金として存在している1兆円以上というお金を、我々の収入源として置き換えていこうというものになっています」

●社会的意義のある事業が、伸びないわけがない

「リプラスが行なっているこの事業が、これから伸びるだろうと思える理由の1つに、そこに社会的意義を信じることができるというものがあります」

姜氏は、例えば高齢者や母子家庭、身体障害者の方々がなかなか引っ越しができないケースが非常に多いことを指摘する。

「連帯保証人がしっかりしていなければ貸すことができない、という話を聞くと、いまどき何をいっているんだ、と感じてしまいます。

実際に家賃を支払わない人間というのは、ちょっと贅沢《ぜいたく》な生活をしている人間であって、家賃は生活必需品である、と認識している人はしっかりと払うものなのです。私は、このような社会のゆがみを正していきたい、と思っています。実際、高齢者の方々のほうが、ニートになっている若者なんかよりも、しっかり貯金していて、家賃を支払います。

もちろん、戦略論的にも成長の裏付けがあります。業界全体に構造変化が起こってきて

賃貸保証事業グループが目指すもの

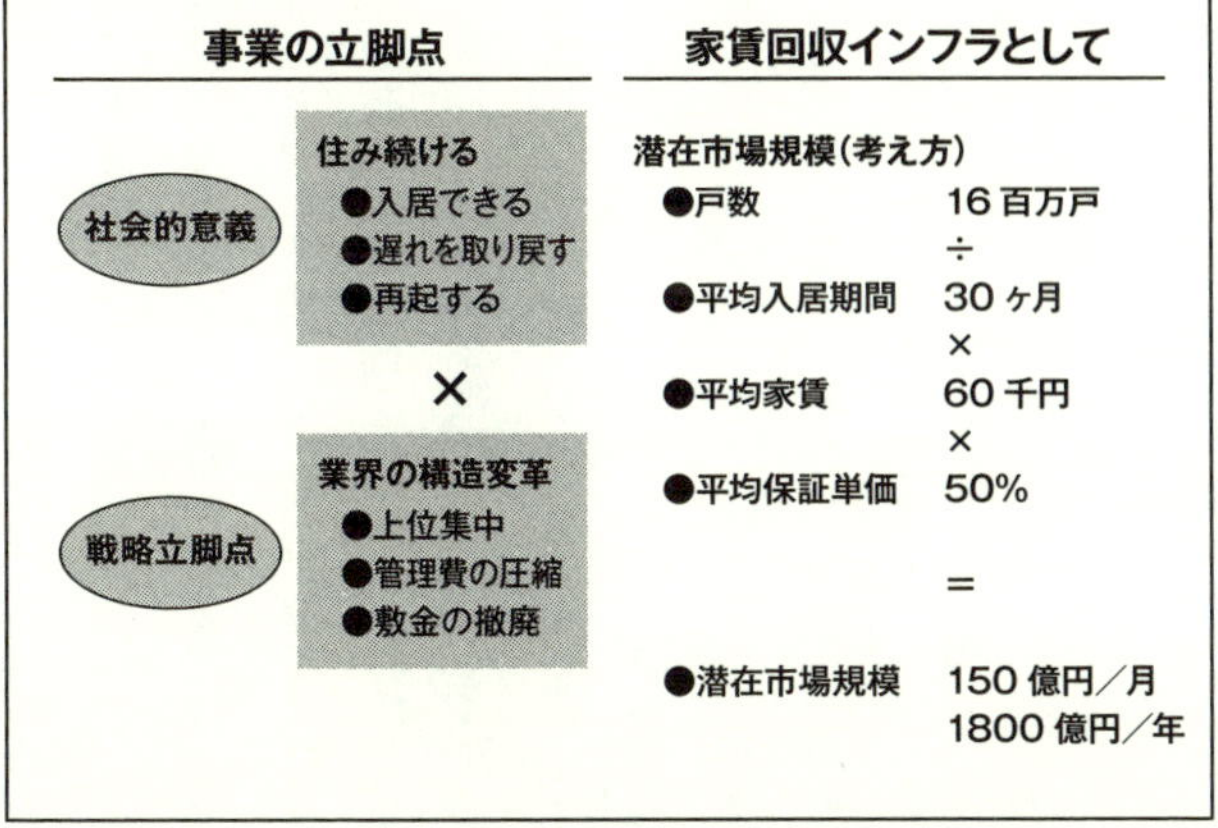

いることがその裏付けです。

リプラスは審査、入金管理、集金督促といったインフラを提供しています。この機能は、業界の構造改革の流れにマッチしています。また制度の変化でいえば、〝敷金という制度〟自体が、変わろうとしていることもリプラスの成長要因だと考えています」

賃貸保証事業が目指すものは、図〈賃貸保証事業グループが目指すもの〉のとおりである。

「日本には今、1600万戸の賃貸住宅があります。その平均入居期間は30カ月。ということは、毎月50万戸が入れ替わっていることが考えられます。平均家賃は6万円ですから、リプラスが受け取る保証委託料（家賃の半分）だけでも、１８００億円の潜在市場規模があるのです。

現場感覚でいえば、この事業は、営業をきちんと行なえば、市場すべてを占有することも可能だと思います。そしてリプラスはその幸せな可能性を目の前にしています。これだけ意義のある事業を行なっているわけですし、どれだけ多くの人たちを支えることができるか、まじめで地味な組織を作ることができるか、ということが、最も大切なことであり、我々の重要なチャレンジだと考えています」

リプラスのビジネスモデルは、収益逓増《ていぞう》の法則が働くという。

「我々の事業は、システムにしても、審査にしても、督促《さいそく》をする部隊にしても、装置に近いところがあります。そのため、一定のエリア内で引き受ける契約件数が一定量を超えると、急速に儲かるコスト構造になっています。しかもそれが他社の参入障壁にもなっているのです」

●不動産ファンド事業

「不動産ファンドというと、多くの方が〝物件を安く買って高く売る、いわゆる不動産の転売益で儲けるんだろう〟という認識を持っています。あるいはデベロッパーが作った物件を買うだけだ、というケースをイメージする方も多いようです。

しかし我々が行っている業務は、あくまでも不動産を長期保有して、そこから上がってくる家賃を、投資家に配当していくという運用支援策です。短期間で儲けを出すのではなく、長期にわたって安定して儲けていこうと考えています。

また、我々は社内にコンストラクションのマネジメント能力を保有することで、物件取得の幅を広げています。そして、住宅のポートフォリオを作り、配当の変動がコントロールされた安定配当を作ろうとしています」

この『安定ポートフォリオ』とはどのようなものなのであろうか。次項の図を見ていただきたい。住宅の市場では、まったく異なる3つのセグメントから成り立っている。例え

投資戦略：賃貸住宅のポートフォリオ

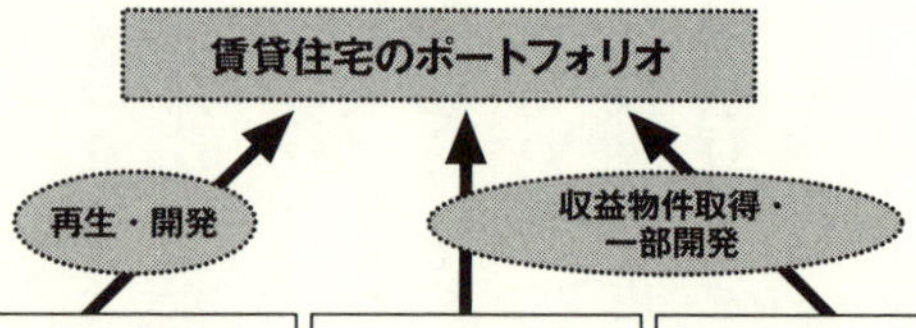

タイプ	都心部コンパクトタイプ	駅近ワンルーム	郊外ファミリー
ターゲット	都心居住アッパーミドル	単身者	家族
広さ	50～70㎡	15～30㎡	70～100㎡
賃料	15～40万円	3～8万円	6～15万円
例	港区デザイナーズ	三鷹駅徒歩３分	大宮駅徒歩７分 駐車場付

ば、都心部のコンパクトタイプの住宅と、駅近のワンルーム、郊外のファミリー向け住宅では、賃料から物件内容までまったく違ってくるのである。

「それぞれのニーズに合わせて、賃貸住宅を整理、よい物件を選りすぐってポートフォリオを作ろうとしているわけです」

このポートフォリオは、いわゆる分散投資理論に基づくものだといえる。

●オフィスではなく、なぜ住宅なのか

それではなぜ、扱う不動産に住宅を選んだのであろうか。

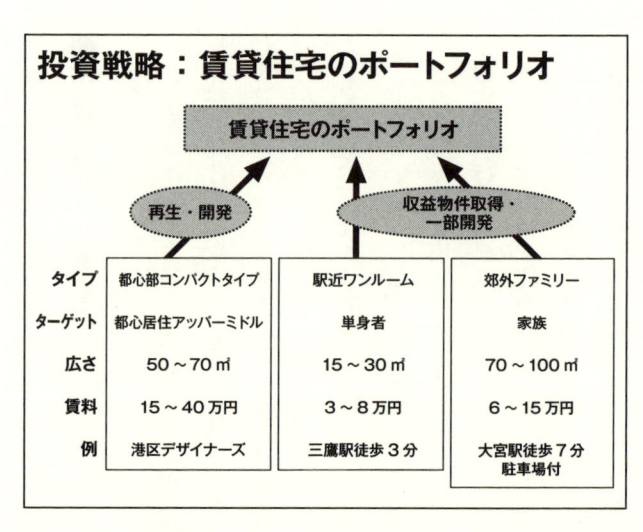

「理由は２つあります。

１つは、日本における不動産運用への投資を考えた時に、いいオフィスビルの物件は、そのほとんどを有名企業が所有しています。そのため、オフィスは市場が狭い上に競争も厳しい。ところが住宅の場合、そのような圧倒的な存在がありません。

もう１つは、やはり賃貸保証事業での契約を通し集積されたたくさんの情報、リレーションがアセットマネジメント事業のベースになっている点があります。

これらのメリットは、２つの事業を柱にしている我々だけのものであり、他社には真似できないものです」

これらを大事にしていく限り、リプラスは優位性を保つことができるだろう。

●演劇にのめり込んだ学生時代

それではここで、姜氏の経歴を見ていこう。

「祖父が物書きだったこともあって、作家を目指していました。ただ、父親が事業をやっていたこともあり、長男として、いずれは事業を継ぐのかな、とも思っていました。そして、結局は学生時代に、脚本を書いたり、演出したりと、すっかり演劇にのめり込んでいました。けっこうまじめに演劇をやっていましたよ（笑）」

演劇青年だった姜氏がなぜコンサルタントになったのだろうか。

「演劇というのは、続けていくとものすごく貧乏になるわけです（笑）。その時にアルバイトの１つとして選んだのが、Ｐ＆Ｇとボストン コンサルティング グループ（ＢＣＧ）でのインターンシップでした。じつはＰ＆Ｇからは内定をもらえていたのですが、ＢＣＧからは内定をもらえていませんでした。その時の悔しい気持ちもあって、改めてＢＣＧを受け直し、内定をもらいました。演劇を辞めたきっかけは、私では決してかなわないと感じてしまった才能に出会ったことです」

偶然性が強い入社だったが、姜氏はすぐに頭角を現す。とくに分析力には定評があり、ＢＣＧでは将来を嘱望されたエースだった。

「ＢＣＧには、３年間しか在籍しませんでした。コンサルティングの仕事が私にはつまらないもののように感じてきてしまって、ダイレクトに事業を動かしてみたくなったのです」

これが姜氏の退職の理由である。その後、姜氏は父親の仕事を手伝うが、ここで大きな挫折を味わうことになる。

「この時に行なった意思決定はビジネスモデルの方向性として、今でも正解だったと思います。しかし、私にはそれを現場に伝える能力が不足していました。マネジャーとしてアクセルとブレーキの踏み方を完全に間違ってしまい、要するに事業の意味をうまく伝え切れませんでした」

その後、姜氏はもう一度、仲間のところに戻りたいという気持ちもあって、BCGのOBが作った『ドリームインキュベータ』の設立に参加する。そしてリプラス設立へとつながっていくのである。

●会社を演出する

リプラスの社員は、姜氏のことをどう見ているのだろうか。

設立当時からのメンバーである取締役の柘植さやか氏は、次のように語る。

「スピードを持って、みんなで作っていこうという言葉が印象に残っていますね。それと演劇をやっていたからなんでしょうけど、会社を舞台のように思って楽しんでいる気がします。社員は役者で、社長の演出の下、みんなが新しいものを創ろうと動いているんだと思います」

取締役の後藤康治郎氏は「年齢的に若いのですが、事業を作り上げていくんだという強い意志を感じました。2年以内に上場を果たすという目標を掲げた時には、半信半疑でしたが、当時からビジョンとスケジュールが明確で、とても働きやすかったです」と当時を振りかえる。

前例がない事業ゆえに苦労も多かったが、リプラス社員の話からは、姜氏のリーダーシップの下、自分たちで問題解決をしながら成長してきたことをうかがうことができる。

●上場した理由

設立して2年で、上場を実現したリプラス。そのエネルギーはどのようなものだったのであろうか。

「それは、上場して早く土俵に上がりたかったからです。上場をして、やっとこれから始まると感じました。

生意気に聞こえるかもしれませんが、私はこの事業の可能性を見切った、と思いました。本当に『化ける』ことが想定できたわけです。事業の定義をする、競争の定義をするという意味で、リプラスの事業をしっかりと定義することができました。

経営コンサルタントの仕事を通して学んだことは、事業をどう定義するかで、その可能性が変わってくるということでした。私はＢＣＧで非常に幸せな3年間を過ごすことができたと思っています。いろいろなタイプのプロジェクトを行い、その類型化を通じて、『事業とは何か』を学ぶことができました」

コンサルタントの仕事、コンサルタントの経験が、実際の事業の場でもきちんと生きているという。

「自分では主役は務まらない。主演役者が何人もいることで新しいものが創られるということも、コンサルタントで学びました。

社長をやってありがたいなと思うことは、寂しくないことです。仲間と思えるパートナーがいることがうれしいですね。

自分が事業家になってみて、コンサルタントをしながら感じていた経営者像とのズレは意外とありませんでした。これからもまじめで地味な企業を作っていきたいと思っています。

上場して初めて企業家になれたと思っています。本当に始まったところです」

第5章

布石を打って満を持す

［ゲスト］ 青松英男
アクティブ・インベストメント・パートナーズ株式会社代表取締役

［講師］ 高橋俊介

青松英男（あおまつ・ひでお）

1977年：一橋大学経済学部卒業後、マッキンゼー・アンド・カンパニー（東京）に入社
1979年：ハーバード大ビジネススクールに入学
1981年：ハーバード大にてMBA取得後、世界銀行（ワシントンDC）入行
1986年：マッキンゼー（東京）に復帰
1989年：J.P. モルガン（ニューヨーク）M&A担当VPとして入社
1992年：NMロスチャイルド・アンド・サンズ・リミテッド在日代表
1996年：ロスチャイルド・ジャパン株式会社代表取締役社長
1999年：アクティブ・インベストメント・パートナーズ・リミテッド（ケイマン島）設立、代表パートナー
2003年：アクティブ・インベストメント・パートナーズ株式会社設立、代表取締役

●会社概要

名称：アクティブ・インベストメント・パートナーズ株式会社（AIP）
設立：アクティブ・インベストメント・パートナーズ・リミテッド（ケイマン島で1999年10月に設立）の100%子会社日本法人として2003年6月に設立
代表取締役：青松英男
所在地：東京都千代田区
資本金：1億円
事業内容：プライベート・エクイティー投資ファンドの運用運営

欧米で発展したプライベート・エクイティー（株式持ち分）の最新手法を日本にも導入し、日本経済・産業の活性化に貢献したいとの思いの下、創業されたアクティブ・インベストメント・パートナーズ株式会社（ＡＩＰ）。

同社はマッキンゼー・アンド・カンパニー勤務を経て、外資系大手金融機関での重職を担っていた青松英男氏が、ケイマン島で創業し、２００３年６月に日本法人を設立した企業だ。

同社のビジネスモデルは、長期期間の投資ができる投資家を集め、本来の力を発揮できず過小評価されている企業に投資、経営サポートを継続的に実施し、企業価値を高める支援を積極的に行なうというもの。

また、ＡＩＰは、志を１つにしながらも、著しく異なるスキルを持つ人材を意識的に集めており、現在の主な投資先は、ニッセン、ハナエ・モリ、ソーテック、トップツアー（東急観光）などである。

ここに青松氏が経営コンサルタント会社で培ってきた経験が活きている。

少年時代の青松氏は典型的な野球少年だった。大学卒業後は、実践経済学のハーバード大学ビジネススクールへの入学を志願し、そのための手段として、学卒者を初めて採用した時期にマッキンゼー・アンド・カンパニーへ入社した。2年後には念願かなって自費でハーバード大学に留学して、2年間の在籍でMBAを取得した。その後は世界銀行勤務を経てマッキンゼーに復帰。この間の経験で、青松氏は実務的なマネジメント、金融、キャッシュフローのスキルをアップした。

30歳代後半、ロスチャイルド・ジャパンの社長に就任し、プライベート・エクイティーの魅力に目覚めた青松氏は、これをライフワークにしようと決意。AIPの創業時には、投資家募集に苦労したが、その粘り強い性格から生まれる、「ノー」を「イエス」に変える意志を貫く継続力と冷静な判断力が、投資家や投資先企業からの高い信頼につながっているという。

同社の起業に至る経緯と、投資ファンド運用ビジネスモデルの独自性と運用具体例、さらに将来構想について語ってもらった。

●ファンド・マネージャーという金融のプロフェッショナル集団ＡＩＰ

青松英男氏が代表取締役を務める投資ファンドを扱うアクティブ・インベストメント・パートナーズ（ＡＩＰ）とは、どんな会社なのだろうか。社員の声を聞いた。

「スタッフ７名で、個々の仕事の仕方を尊重してもらっています。コミュニケーションもよくとれています」

「金融会社の厳しさの中にも温かみのあるとてもよい会社だと思っています」

「それぞれが自分の専門性を活かして役割を果たしているプロフェッショナルファームですが、必要なときはチームとして集まる。この形が自然にできていますね」

社員たちの声を聞くと、ＡＩＰは金融のプロフェッショナル集団でありながら、アットホームな側面もあるようだ。その具体的な事業内容は次のとおりになるという。

「投資ファンドの後ろには、ファンドの出資者である機関投資家がいます。機関投資家にはさらに顧客がいます。機関投資家の典型的な例は生命保険や企業年金などで、顧客であ

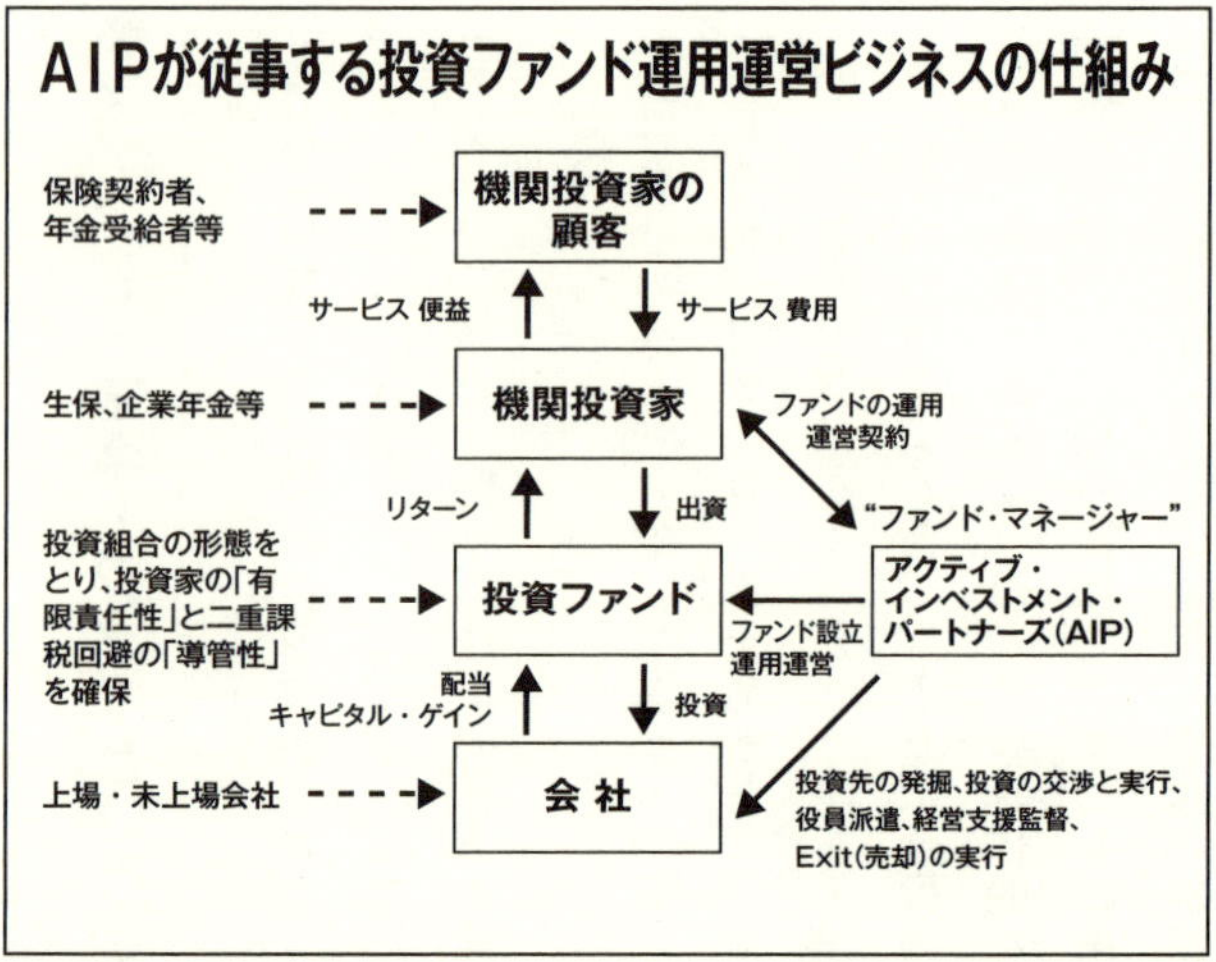

AIPが従事する投資ファンド運用運営ビジネスの仕組み

る保険契約者や年金受給者にサービスを提供している機関投資家は、投資ファンドを運用して儲けなければなりません。その手助けをしているのがファンド・マネージャーであり、我々はその仕事をしています」

　ファンドの特徴は、投資組合の形態をとることである。これには重要なポイントが２つある。

　１つは「有限責任性」。機関投資家はファンドを通じて間接的に投資をしているわけだが、有限責任性とは、何か問題があった場合、出資した金額を責任の限度とするというものだ。もう１つは二重課税回避の「導管性」。このあまり聞きなれないポイントはどのよう

AIPが運用運営している2つのファンド

	1号ファンド	2号ファンド
ファンド名	ACT IV Investments Fund L.P	匿名組合ＪＰＥアクティブ
ファンド形態	Limited Partnership （ケイマン島）	匿名組合（国内）
組成	1999年11月	2004年1月
サイズ	100億円	100億円
ファンドの主な出資者	英国ロスチャイルドグループ 国内生損保会社 国内企業年金 都銀	日本政策投資銀行 国内生損保会社 国内企業年金 国内信託銀行
投資先	ニッセン（株） ハナエ・モリ （株）ソーテック	東急観光（株）

な意味なのであろうか。

「投資ビークル（主体）で利益が出ると、ここで課税されてしまいます。さらに、その上に位置する機関投資家に利益がいくと、機関投資家がまた課税されてしまいます。これが、『二重課税』です。

それを防ぐためには、あたかも機関投資家が直接、会社に投資したような形をとらなければなりません。そのため日本では、匿名組合、任意組合といった形をとることがあります。これを設立、運用して、そこから投資する活動を取り仕切ることが、我々ＡＩＰのビジネスです。

そのため我々は、機関投資家から運営費用

をいただいて、利益があった場合には成功報酬をいただく、ということになります」

現在、ＡＩＰはファンド・マネージャーとして２つのファンドを運営している。

●投資後の経営支援が決め手

〝ハゲタカファンド〟などという言葉があるが、青松氏は、ＡＩＰは「超まじめなファンド」だと語る。では、その投資哲学は、どのようなものなのだろうか。

「投資ファンドのビジネスは、もともと欧米で発展したものです。しかし、その最新手法をそのまま日本で導入すると、いろいろな問題があります。そのため、日本の環境に適した形で調整し、展開する必要があります。また、人材の有効活用を図りながら、日本経済と産業の活性化に貢献したいとも考えています」

そのポイントは３つある。
・多くの投資家に見過ごされている投資対象（高いポテンシャルを持ちながらも、経営

資源の制約から、本来の力を十分に発揮できず過小評価されている企業）を積極的に発掘する

・投資後は経営戦略立案・実行の支援を行ない、必要に応じて「最新の経営・財務手法の導入」、「ＩＴ技術の活用」、「人材の投入」などを図る

・経営に伴うリスクをコントロールしつつ、中長期的な視点から企業の成長を支援し、企業価値を高めた後、さらなる企業発展のために上場などを目指す

「会社を買ってすぐに高く売り抜けるというハゲタカではなく、会社の中に入って汗水を流しながら、バリューを上げることをポリシーにしています」

とはいえ、そううまくいくとは限らないのではないか。

「そうですね。10社投資したら、最低7社は成功しなければなりませんね。そのため、検討する段階のシナリオベースで、入れたお金を5年で5倍にできるかどうかということが、ポイントになります。5年で5倍の場合、投資家の手元にいく利回りはおよそ30％。この状態の実現を目指しています」

AIP組織の特徴

AIP投資チームのバックグラウンド

職業歴
- 経営コンサルタント
- インベストメント・バンカー
- 弁護士
- 銀行員
- 投資ファンド・マネージャー
- コンピュータネットワーク技師
- 工場業務管理者

職場歴
- マッキンゼー・アンド・カンパニー
- ボストン・コンサルティング・グループ
- JPモルガン
- 長島・大野法律事務所
- 東京銀行
- 世界銀行
- ソロス・プライベート・ファンド
- 東芝

経験分野
- ファイナンス
- M&A
- 会社法、証券法
- 不動産投資
- 企業再生
- 業務・収益改善
- ほとんどの産業、業界を経験

ファンド・マネージャーの仕事は、マッキンゼーのような経営コンサルタントが行なっている仕事に近い。経営コンサルタントの鉄則として、「会社の価値が上がるのはどの点かを早く見つけて、そこに集中し、短期間に改善効果を出す」というものがあるが、ＡＩＰはリスクがある成功報酬を得ている。これが、青松氏のＡＩＰと経営コンサルティング会社との最大の違いとなるだろう。

ＡＩＰの組織には、大きな特徴がある。

「我々の投資チームは、志は同じでも著しく異なる経験とスキルセットを持つ人材の集まりです。

このことにより、投資に必要な、総合的で

ベストな判断を行なうことができるのです」

次に、具体的な投資実績例を紹介していただこう。

●低迷していた企業が株価上昇率ナンバー1になった成功事例

【投資実績例1　ニッセン】

投資先　：株式会社ニッセン
　　　　　カタログ販売の大手
　　　　　年商1300億円
　　　　　大証2部上場（現在大証1部、東証1部上場）
投資時期：2001年5月
投資形態：第三者割当て増資による新株取得。260万株を1株当たり300円で、総額7億8000万円を投資（9・5％）。AIPより社外取締役として2名就任
投資理由：1600万所帯の顧客リスト（無形資産）の潜在価値、製造小売業としての

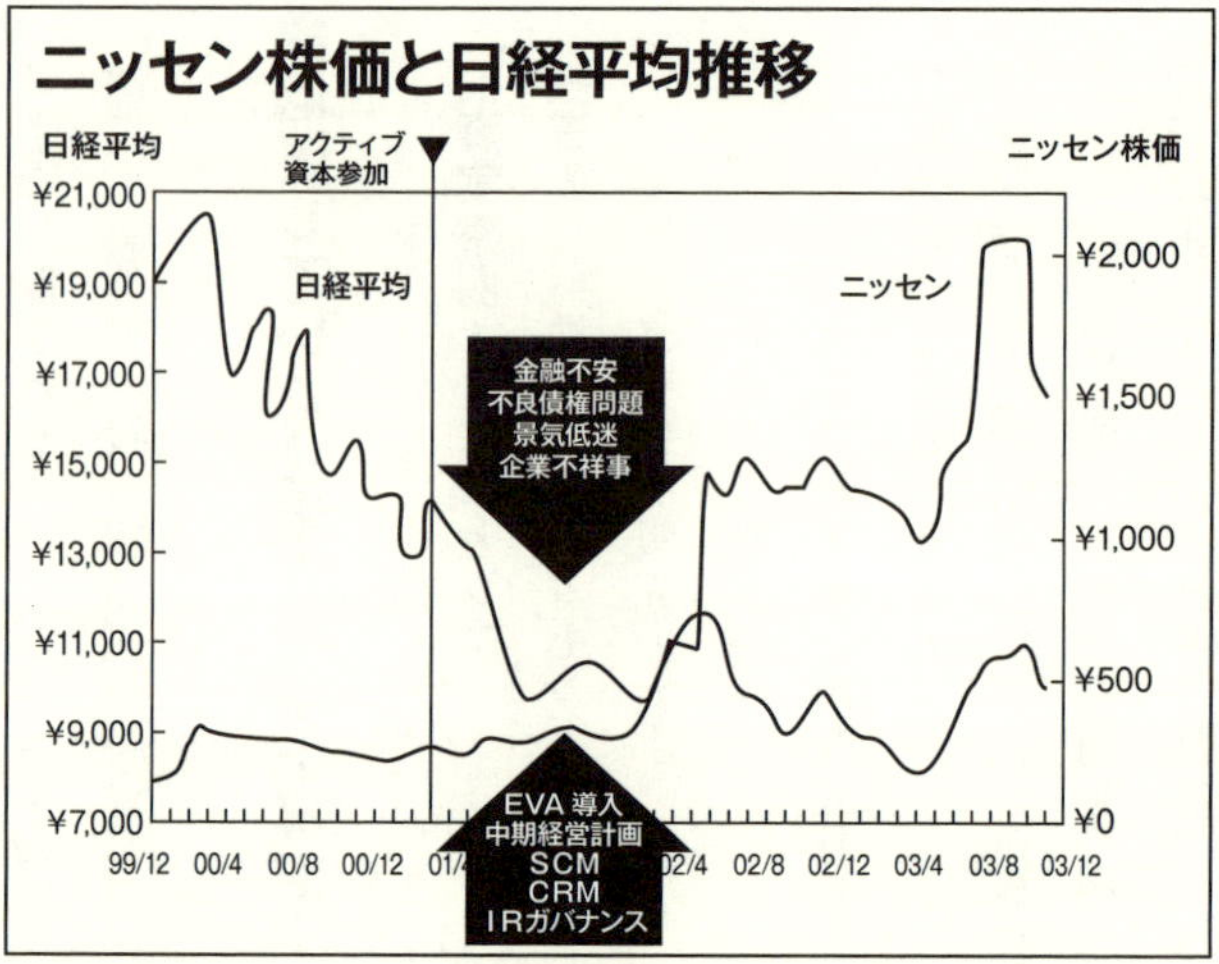

経験（海外調達含む）、新社長の資質と改革意欲および株価の過小評価に注目

「じつはマッキンゼーのレポートで、日本の小売業セクターの生産性は、アメリカのそれの40％ほどだということを知っていました。それでカタログ販売のニッセンに目が止まりました。当時、ニッセンは大阪の第２部上場で時価総額60億円、年商１３００億円。こんなにも売上があり、しかも粗利が大きいのに利益が出ないはずはありません。そのため、投資後の経営支援もサプライズマネジメントを中心にしました」

結果、１年後の経常利益は28億円から45億円に。２年後には53億円、３年後には１１１億円とぐっと伸ばすことに成功。当然、株価も上げることができた。

「利益が上がったから、株価も上がったということもありますが、ニッセンはそれまで、ＩＲ活動をほとんど行なっていない企業でした。そのため、社長を含めたメンバーを東京に連れてきてアナリストミーティングを開き、アナリストとのコミュニケーションをしっかりと行ないました。そのことで株価が上がっていったということもあります。２００２年には、全部で２０００以上ある上場企業の内、ニッセンの株価上昇率はナンバー１になりました。これは筆頭株主であるＡＩＰにとっても、とても幸運なことでしたね」

【投資実績例2　HANAE MORI】

投資先　：ＨＡＮＡＥ　ＭＯＲＩ商標
投資時期：基本契約２００１年12月　クロージング２００２年11月
投資形態：負債過多の株式会社ハナエ・モリについて清算型民事再生法適用をリードし、
　　　　　わが国を代表する国際的ファッションブランドであるＨＡＮＡＥ　ＭＯＲＩ

の商標を裁判所管財人より買い上げ、ブランドの保全を図る。商標のホールディング会社として株式会社ハナエ・モリ・アソシエイツを設立し、60%の権利を保有。ＡＩＰより取締役として2名就任。残り40%は共同投資家として招かれた三井物産が保有

投資理由：ブランドとして高いポテンシャルを持つＨＡＮＡＥ ＭＯＲＩブランドの救済。ハナエ・モリ・リバイバルプランを作成。ライセンシーの見直しや、22年ぶりとなる水着の発売などの経営支援の結果、ハナエ・モリ・アソシエイツは円滑に機能。２００５年2月には、共同投資家の三井物産へ60%の権利をすべて売却した

【投資実績例3　東急観光（現・トップツアー）】

投資先　：東急観光株式会社（現・トップツアー株式会社）
旅行代理店大手
年商１９００億円

　　　　　２００３年12月まで東証１部上場
投資時期：２００４年４月
投資形態：東急電鉄のグループ再編による子会社切り離し。85％をＡＩＰが取得し、残り15％は東急電鉄が引き続き所有。執行役員制を導入し、取締役会は主に株主で構成。ＡＩＰから社外取締役として４名就任し、青松氏が取締役会議長を担当。日々の意思決定は執行役員を中心とする週１回の経営会議（プロパー出身の代表取締役社長が議長）で行ない、ＡＩＰメンバーもオブザーバーとして参加
投資理由：旅行業界の大手として長い業歴があり、学校・官公庁・大手企業を中心とした安定顧客層を持つ。過去業績悪化のために最低限必要なインフラ投資さえ行なわれておらず、極めて高い生産性改善のポテンシャルが存在。無借金経営

投資実績例３の東急観光は、ファンド・ビジネスの参入をどのように受け止めたのだろうか。当時の東急観光社長、金子家治氏は次のように語る。

「ファンドに買収されたらどうなるのか。会社は消滅してしまうのか。２０００人の社員たちに、とても大きな不安感があったのは事実でした。

私どもの会社は人で動きます。営業の人材がいなければ、旅行の受注もできません。『絶対にリストラはしない』。そして、それとは逆に『拡大生産していくために今までは控えていた採用を、きちんと安定的に行ないながら人材投資をしていく』ということを、スタート時に青松氏にお伝えしました。

ＡＩＰの青松氏をアドバイザーとして、いろいろな方に入っていただき、メーカー的生産効率を旅行業界にも適用できないか、と手法を多方面から駆使して変革提言にまで至る企画書を作り上げて、生産の効率化を図っていきました。非常に短期間でしたが、その中で疲弊しきっていた組織に活力が出てきたと思っています」

東急観光は1年後に、業歴50年の中での最高益を達成。従業員のボーナスも近年最大となった。東証に上場していたときには配当できなかったが、15年ぶりに復配することができたのである。

●プロ野球選手を夢みた少年は、〝キャプテン・オブ・インダストリー〟に方向転換

ファンド・ビジネスで会社を再建してきた青松英男氏は、18歳まで長野県で過ごした。中学校の県大会では、ピッチャーで4番という野球少年で、プロ野球選手になることが夢だった。

「ところが、県大会の3回戦でホームランを打たれ負けてしまいました。自分の実力を思い知らされ、その時、野球一筋の道はあきらめましたね」

そして高校1年生のときに、〝キャプテン・オブ・インダストリー〟を育てるという一橋大学のミッションに感銘。その後、一橋大学の経済学部に入学し、卒業後はマッキンゼー・アンド・カンパニーに就職した。

「じつはマッキンゼーに就職したのには、邪《よこしま》な理由がありまして……。1973年に一橋大学に入学し、一生懸命に理論経済学を勉強していました。しかしそのとき、オイルショックが起こってしまったのです。そのため世間では、『理論経済学は役に立たない』という

論調が支配的になって、こんなに勉強していることが役に立たないのか……と悩むようになりました。

ちょうどこの頃に、理論ではない、問題解決を教えるというハーバード大学のビジネススクールの存在を知ったのです。ハーバードの学生が卒業して働きたいところは、コンサルティング会社か投資銀行で、最も優秀な人材が就職する企業がマッキンゼーでした。実務経験もなくビジネススクールに入れるわけはないので、それではまず、マッキンゼーに入社しようと考えたのです。

マッキンゼーでの実務経験があれば、ハーバードのビジネススクールが評価してくれるのではないか、と私は考えていました。

マッキンゼーは新卒は採用しない、ＭＢＡを取得している人しか採用しないということでしたが、運よく私が大学４年のときに、翌年からマッキンゼーは新卒も採用することになったと聞き、飛んで行って面接を受けました」

アシスタントとはいえ、新卒の若者がトップマネジメントの問題解決に参加できたことは、「非常にエキサイティングだった」と、青松氏はマッキンゼーでの新人時代を振り返る。

そして2年後、青松氏は念願のハーバード大学のビジネススクールへ進む。

「英語にはそこそこ自信があったのですが、1年目は英語力が追いつかず苦労しましたね。それを補ってくれたのがマッキンゼーでの2年間の実務経験でした」

●30代後半にニューヨークで出合ったライフワーク「ファンド・ビジネス」

青松氏はＭＢＡ取得後、ヤング・プロフェッショナル・プログラムという世界銀行の幹部候補生の採用試験に応募した。30歳未満で修士号か博士号を持つ３０００人の応募者の中から採用された30人の１人として世界銀行に入る。

「プロジェクトファイナンスでインド、ユーゴスラビアなど世界各地を回りました。今の私の仕事ではキャッシュフローの概念が重要になりますが、世界銀行での5年間で、キャッシュフローについて学ぶことができました」

マネジメント経営と金融、キャッシュフローと青松氏のスキルの幅は広がっていった。

１９８６年、ビジネススクール時代から数えると7年間になるアメリカ生活にピリオドを打ち、日本へ戻りマッキンゼーに復職した。

世界銀行というパブリックセクターでの仕事はチャレンジングで面白かったが、その頃には日本が恋しくなってきていたこともあり、民間の企業に戻りたいという気持ちが働いたそうである。

マッキンゼーで第一線のコンサルタントとして３年間働いた後、「資本の部分、つまりＭ＆Ａに携わりたい」ということで、ニューヨークのＪ・Ｐモルガンに入社。

ここで、青松氏はアントレプレナーを志す。30代後半を迎えた青松氏は、ファンド・ビジネスに出合い、「これこそライフワークだ！」と思ったのである。

「私のそれまでの経験の集大成となるのがファンド・ビジネスでした」

青松氏に起業の決意が生まれた。しかし、まだ日本では早すぎる。布石を打つ意味も込めて、その後、ＮＭロスチャイルド・アンド・サンズ・リミテッド在日代表、ロスチャイルド・ジャパン株式会社代表取締役社長を経験。

満を持して、１９９９年、ケイマン島でアクティブ・インベストメント・パートナーズ・リミテッドを設立。２００３年に現在のアクティブ・インベストメント・パートナーを起ち上げた。

当時のパートナーは、振り返って次のように語る。

「運用資金の調達に苦労しました。今でも苦労しないわけではなく毎回大変ですが、創業当時は実績も名もない中で私どもを信用していただき、いろいろな機関投資家からお金を預けていただくのは非常に大変でした。

難しい局面を乗り越えてきましたが、青松はどんな大変なときも決して逃げない。粘り強く障害にチャレンジしていきます。それが信頼を得ることにつながっていくのです」

ところで、アクティブ・インベストメント・パートナーにとって、会社経営におけるターニングポイントはどこにあったのだろうか。

「まず最初に出資者から資金調達することができたからこそ、世の中にデビューできたわけです。それで事例でご紹介したニッセンに投資することも可能になり、成功事例ができました。ここが1番のターニングポイントですね」

30代後半でライフワークと出合い、独立を志してから約10年。

日本にファンド・ビジネスの土壌が芽生えるまで焦らずに布石を打ちながら、青松英男氏はファンド・マネージャーとしてのキャリアに磨きをかけてきた。

ピッチャーで4番バッターだった野球少年の純粋なチャレンジ精神は、ファンド・ビジネスという最前線の経済活動で花開いたのである。

第6章

Eコマースの申し子・ケンコーコムの成功の秘密

［ゲスト］ 後藤玄利
ケンコーコム株式会社　代表取締役

［講師］ 高橋俊介

後藤玄利（ごとう・げんり）

1967年：うすき製薬創業家に生まれる

1989年：東京大学卒業後、アンダーセンコンサルティング（現アクセンチュア株式会社）に入社

1994年：うすき製薬に取締役として入社。株式会社ヘルシーネット（現ケンコーコム株式会社）設立、同社代表取締役に就任

1997年：うすき製薬代表取締役に就任（2001年8月より取締役）

2000年：健康食品Eコマースのケンコーコム起ち上げ

2003年：社名をケンコーコム株式会社に変更

●会社概要

名称：ケンコーコム株式会社

設立：1994年11月

代表取締役：後藤玄利

資本金：9億8326万円

株式上場：2004年6月（東証マザーズ）

従業員：130名

事業内容：健康関連商品のネット販売

Ｅコマースの成功例としてよく知られている『ケンコーコム（http://www.kenko.com）』。７万５０００点を超える商品群を取り扱い、毎日17万件の顧客がサイトを訪れるという。

日本最大の健康関連商品販売サイトである『ケンコーコム』を運営するケンコーコム株式会社は、同社の代表取締役である後藤玄利氏が１９９４年に設立した株式会社ヘルシーネットが母体になっている。２０００年にＥコマースビジネスにシフトしたヘルシーネットは、インターネットサイト『ケンコーコム』をスタート。２００３年には社名をケンコーコムに変更し、２００４年には東証マザーズに上場を果たしている。

その業務内容は、健康食品をはじめとした医薬品や化粧品、日用品、ペット用品など、『健康』をキーワードにした商品を取り扱っている。同社の経営理念は、『Ｅコマースを通じて、お客様の健康づくりに貢献する』というものだ。

インターネットが普及し、新しいビジネスの地平線が切り開かれていくにつれ、雨後のタケノコのように登場したＥコマースを行なう企業たち。その中でも、最も成功した企業の１つに数えられるケンコーコムは、なぜ『健康』をキーワードに展開したのだろうか。

●健康関連商品はEコマース向き

「『健康』というのは、さまざまな人にさまざまなニーズがあります。やせたいという人もいれば、太りたいと思っている人もいます。血圧を下げたい人、上げたい人というように人それぞれです。

一方、『健康』に関する商品は、何千、何万というメーカーから、何万、何十万という商品がリリースされている状況です。消費者のニーズと商品をいかにマッチングさせるか――これが、健康関連商品産業のキーといえる部分です。そのマッチングが最も付加価値を生み出す部分だといえます」

これが、後藤玄利氏が、『健康』に目をつけた理由である。

健康に関する商品は、原価と比べて売価が高い、いわゆる粗利が高いといわれている。なぜなら、製造から問屋、販売を経て消費者の手に商品が届くまで、その消費者を説得させるための経費がかかるからだ。例えばダイレクトメールなどの広告費といった情報加工がそれぞれの商品に必要になる。

「こうした消費者と商品を結びつける部分での非効率をいかに改善していくか。そこで目をつけたのがEコマースでした。インターネットを使えば、情報の交換を低コストで行なうことができます。そこで消費者は数多くある商品の中から、自分に合ったものを選び出すことができるのです。しかもインターネットは無料です。この商品と消費者の高い効率化を実現したのが、ケンコーコムのビジネスだといえます」

●バブル経済の崩壊で感じた危機感

１９８９年のバブル絶頂期、後藤玄利氏はアンダーセン・コンサルティング（現在のアクセンチュア株式会社）のコンサルタント部門に就職した。

「最初の2年間はシステムのコンサルタント部門にいました。途中で戦略グループに入り、3年間、戦略部門のコンサルティングを担当していました。

１９９１、１９９２年にバブルが弾け、１９９４年、日本経済はどん底の状態にありました。当時、会社での仕事を通じて、しっかりしている企業であればあるほどリストラを実行していることを知り、また、日本経済の実態を知れば知るほど、不安感が増していきましたね」

コンサルタントとしての仕事は面白かったというが、日本経済が変革期にあることを感じた後藤氏には、新しいことを始めてみたいという欲求が芽生えてきたという。当時、後藤氏は26歳。ウインドウズ95が発売される1年前のことだった。

「私にとって最初の起業となるヘルシーネットを設立した１９９４年は、インターネットが世の中に出た年です。当時は、ダイレクトメールを使った健康食品の通信販売を主たる事業にしています。その手法は、ダイレクトメールを高齢者の方々中心に発送し、無料サンプルを送るというものでした。

そんな中、ウインドウズ95という新しいＯＳが発売されると聞き、ＣＲＭ（カスタマー・リレーションシップ・マネジメント）――いわゆるお客様とのリレーションシップをいろいろとマネジメントしながら、ダイレクトマーケティングしていくこと――が、できるという実感がありました。

新しい技術を使ったビジネスを始めたいという私の気持ちと、社会の動きがマッチングしたという感覚でした」

●実家が製薬会社

では、なぜ後藤氏は商材として健康関連商品を選んだのであろうか。

「まず、健康関連商品が持つ産業構造があります。先ほども触れましたが、健康関連商品の『原価と売価の差』の効率化を図るといった情報加工部分が商売になる、と考えたことがその理由の１つです。

次に、私の実家が大分県で家庭医薬品メーカーをやっているからです。その傍系商品で健康関連商品も取り扱っていたのですが、実際にはあまり売れていないと聞き、それをモノにしてやろうという思いがありました。それが２つ目の理由です。自分がよく知っているフィールドで事業を始めたい、というのも健康関連商品を選んだ理由のひとつですね」

後藤氏の実家であるうすき製薬株式会社は、大正時代から続く老舗メーカーである。

「ヘルシーネットはまったくのゼロから始めて、毎年2倍近い成長を見せ、創業5年で３億７０００万円ほどの売上になりました。実家の製薬会社の規模と同じくらいにすることができたのです」

わずか5年で成功を収めた後藤氏であったが、それと同時に中小企業であることの限界も感じていたという。

「１９９９年頃には、事業に閉塞感を感じ始めていました。当時はファンケルやＤＨＣが急成長している頃で、このままだと、ヘルシーネットは健康関連販売会社の泡沫企業の１つになってしまうな、という危機感を感じていました」

そうした閉塞感を打破しようと、後藤氏はアメリカで行われたダイレクトメールのカンファレンスに参加する。

１９９８年は、アメリカにおいてＥコマースが急激に伸びた年だった。翌１９９９年、さらにＥコマースは加熱し、来る21世紀にはニューパラダイムがやってくるんだ、という話で盛り上がっていたという。希望に溢れていた時代だった。

当時、実際にアメリカのＥコマースの便利さを実感していた後藤氏は、インターネットに親しみがあったこともあり、このＥコマースはダイレクトマーケティングの延長だという感覚があったという。

「インターネットビジネスは、トップシェアを獲ることが成功のカギだ、といわれていましていたので、インターネットビジネスではとにかくトップに立とう。これまでのダイレクトマーケティングでは、ファンケルやＤＨＣに勝てないという実感があったので、自分はＥコマースで行くんだ、という強い想いがありました」

そして後藤氏は１９９９年の秋から準備を始め、２０００年の春に同社のＥコマース事業である『ケンコーコム』をスタートさせる。

●存亡の危機、ビジネスモデルそのものを疑っていた

「２０００年の段階で、日本でもインターネットは普及していましたが、インターネットでモノを買おうというユーザーの数は、あまり多くありませんでした。そのためサイトを製作しても、ほとんど誰も来てくれない。店を作るのは簡単ですが、お客さんがほとんど

いないという状態です。

日本の流通を変えるようなムーブメントにするんだという思いで、バナー広告などといった、広告を打っていく戦略を展開しましたが、その成果は芳しいものではなく、大手ポータルサイトでの広告に２０００万円を投資しましたが、売れた商品はたった70万円分でした」

そして会社は倒産の危機を迎えてしまう。バナー広告を一切取り止め、外部からの資金援助を受け、なんとか事業を続けていった。毎月、１０００万円ずつ赤字が出てしまう状態だった。

「この頃は、クーポンを出したり、メールマガジンに広告を打ったり、ありとあらゆるキャンペーンをやるという広告戦略を行なった時期でした」

しかし、どんな方法を試してみてもうまくいかない。つぎ込んだ費用に見合うだけの効果が出なかった。

「当時は、ＢｔｏＣのモデルそのものがおかしいのではないか、という迷いを持ちながら、出口の見えない道を走っていたという感じでした」

だが、そのような中で売上は20、30%ずつ増えていた。１つひとつのキャンペーンをトレースしてみると、とてもペイできているような売上ではないが、なぜか全体の売上は伸びていた。その現象を分析してみると、『売上の伸びは、商品数に比例している』ことがわかったのだ。

「品揃えを50点から始めて、１００点、１５０点と取り扱う商品を増やしていくことが、売上の向上につながっていきました。そのため、すべてのキャンペーン、広告を取り止めてしまい、商品数を増やすことに注力しました」

そしてもう１つ、後藤氏にとっての救世主が現れた。この頃に、大型検索サイトＧｏｏｇｌｅの日本版が登場したのだ。

「Ｙａｈｏｏ！はドメインベースでサイトを登録していました。そのため『ケンコーコム』は１アイテムにしかなりません。しかしＧｏｏｇｌｅはドメイン登録ではないため、『ケンコーコム』で検索すると、ケンコーコムが紹介されているすべてのページが結果として表示されるのです。それらすべてが、ケンコーコムへの入り口となってくれました。

商品の数を増やすことが、そのままケンコーコムのサイトを増やす、そしてアクセス、売上を伸ばすというロジックが見えてきました」

そしてケンコーコムは、取り扱う商品の種類を増やし、爆発的に集客数を増やしていくことができた。

●物流の問題に転化

「そうして、取り扱う商品を１０００点、２０００点に増やしていくのですが、今度は、物流や商品管理に問題が生じてきました。このままでは在庫負担で会社が潰れてしまうかもしれないと感じ、それまで東京にあった倉庫を九州に移転しました」

２００２年、取引先の卸会社のすぐ近く、福岡県に出荷センターを移転した。それにより在庫を抱えるというリスク問題を気にする必要がなくなり、さらに商品の種類を増やすことができ、売上を伸ばすことができた。

またこの移転により、健康食品以外の商品である、健康関連商品の販売も手がけるようになった。

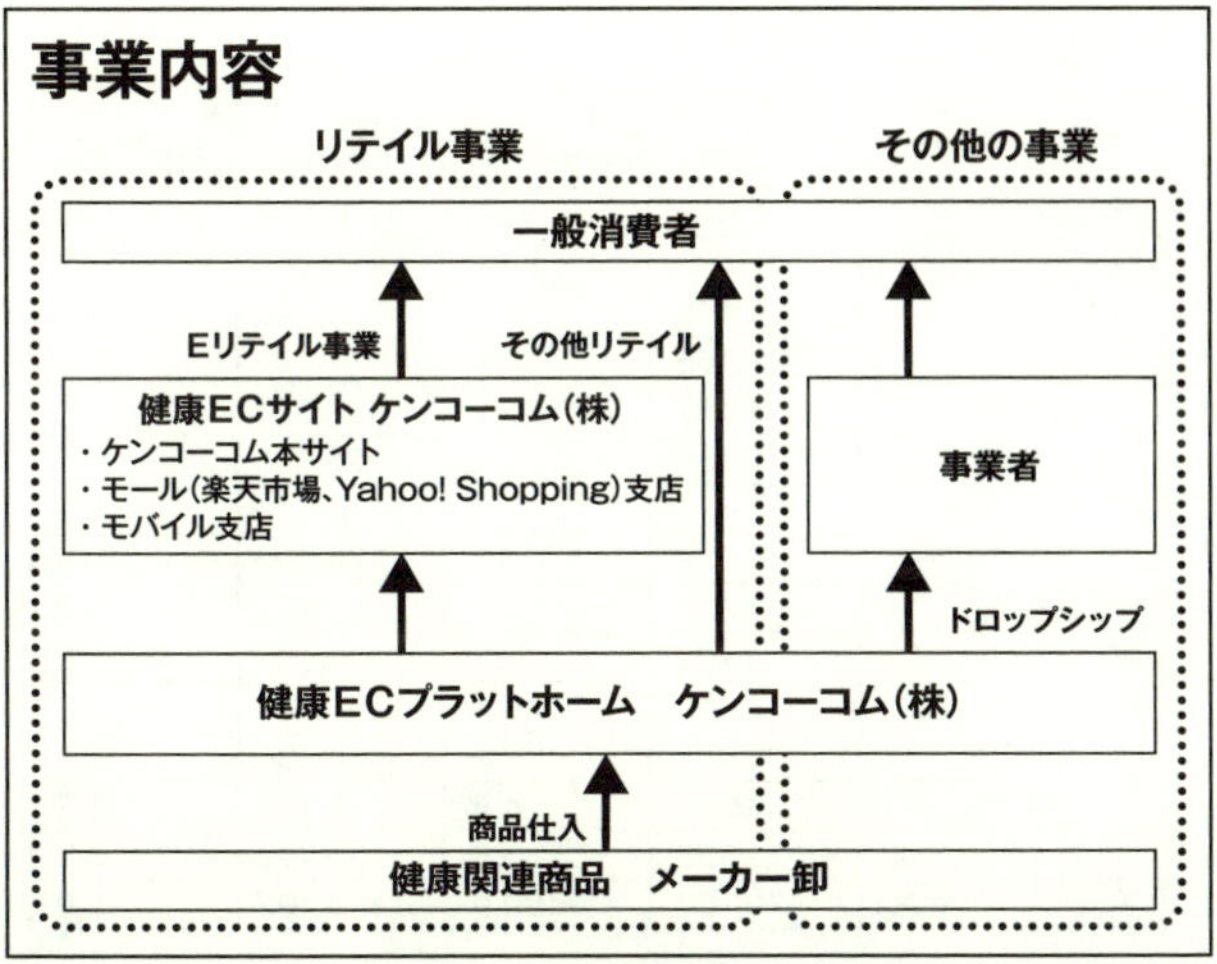

ケンコーコムの事業系統図は上のとおり、単純なEコマースモデルである。

「成功の要因の1つとして、やはりダイレクトメールを使ったダイレクトマーケティングでの経験が大きかったと思います」

●成功の5つの要因

ケンコーコムがなぜ成功したのかは、次のとおり5つの要因に整理することができる。

①品揃えが充実している
②粗利率が高い
③在庫負担が小さい

事業内容　取引の特性

商品カテゴリー	取扱商品数		売上高	
	商品数（点）	構成比（%）	金額（千円）	構成比（%）
健康食品	6,021	8.5	1,713,116	27.7
日用雑貨	15,851	22.4	1,072,351	17.3
フード	6,449	9.1	948,743	15.3
その他商品	42,468	60.0	2,392,191	38.6
化粧品	8,583	12.1	562,821	9.1
医薬品	2,182	3.1	423,745	6.8
ベビー用品	3,803	5.4	357,819	5.8
衛生医療用品	4,022	5.7	279,225	4.5
癒し用品	4,921	7.0	204,172	3.3
健康機器	1,751	2.5	125,153	2.0
スポーツ用品	7,600	10.7	158,901	2.6
ペット用品	5,961	8.4	164,530	2.7
介護用品	3,057	4.3	75,341	1.2
ダイエット用品	588	0.8	40,479	0.7
小計	70,789	100.0	6,126,402	98.9

④リピートを期待できる
⑤集客を低コストで行なうことができる

「『品揃えの拡充』が、成長のエンジンになっているので、積極的に取り組んでいます。現在は7万商品を超えています。商品の構成に関しては、図〈事業内容　取引の特性〉を参照してください」

ここで面白いのは、ドラッグストアとの比較である。取扱商品の特性を見ていくと、街のドラッグストアとまったく違った商品がよく売れていることがわかる（図〈事業内容　取扱商品の特性〉）。

「テレビＣＭなどがされていない、いわゆる

事業内容　取扱商品の特性

売れ筋商品はナショナルブランド商品ではないので、価格競争に陥りづらく、高い粗利率を享受できる

売れ筋商品の特徴	ドラッグストア	ケンコーコム
購入する動機	毎日の生活に必要	ドラッグストアでは買えない 買いづらい　でも欲しい
売れ筋商品の例	ネイチャーメイド セラシーン ルル キャベジン Dove	もろみ酢 ファセオラミン チアシード 妊娠検査薬 白いんげん豆
価格競争	厳しい	穏やか
粗利率	20%前後 ※	30—50%程度

※出典：「ドラッグストアの運営ガイドライン」日本チェーンドラッグストア協会 1999

『聞きなれない商品』がＥコマースではよく売れていますね。またＥコマースの利点として、価格競争があまり厳しくないということもあります」

リアルなドラッグストアは店舗面積が決まっている。そのため売上を伸ばすためには、ドラッグストアはＰＯＳシステムを充実させて、坪効率を上げていくという方法しかない。

ところがＥコマースでは、在庫を気にせずに商品を取り扱うこともできる。ドラッグストアの取り扱いアイテムはおおよそ５０００点。ドラッグストアが効率化のために捨ててきた商品を集めて、それを全国規模で販売することが、ケンコーコムのビジネスモデルな

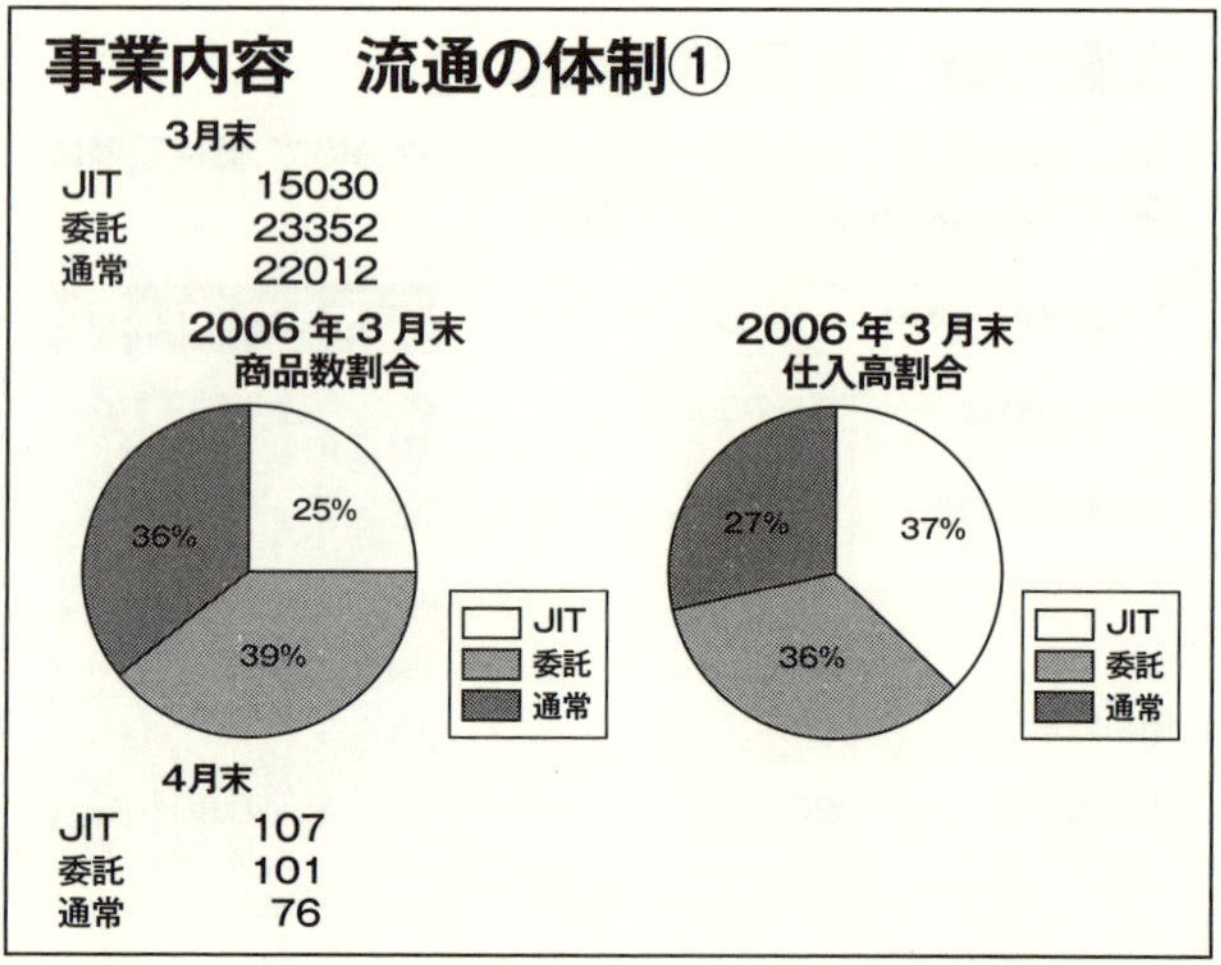

のである。

●7・4日分の在庫を実現

ケンコーコムの流通に関する部分で特徴的なこととして、『在庫日数の短さ』がある。

「経済在庫運用を行なっています。現在、ケンコーコムでは7・4日分の在庫しか保有していません。これを実現するための、いくつかの工夫を紹介します。図〈事業内容　流通の体制①〉を見てください。

ＪＩＴ（ジャスト・イン・タイム）商品と委託商品は、原則として、無在庫になっています。

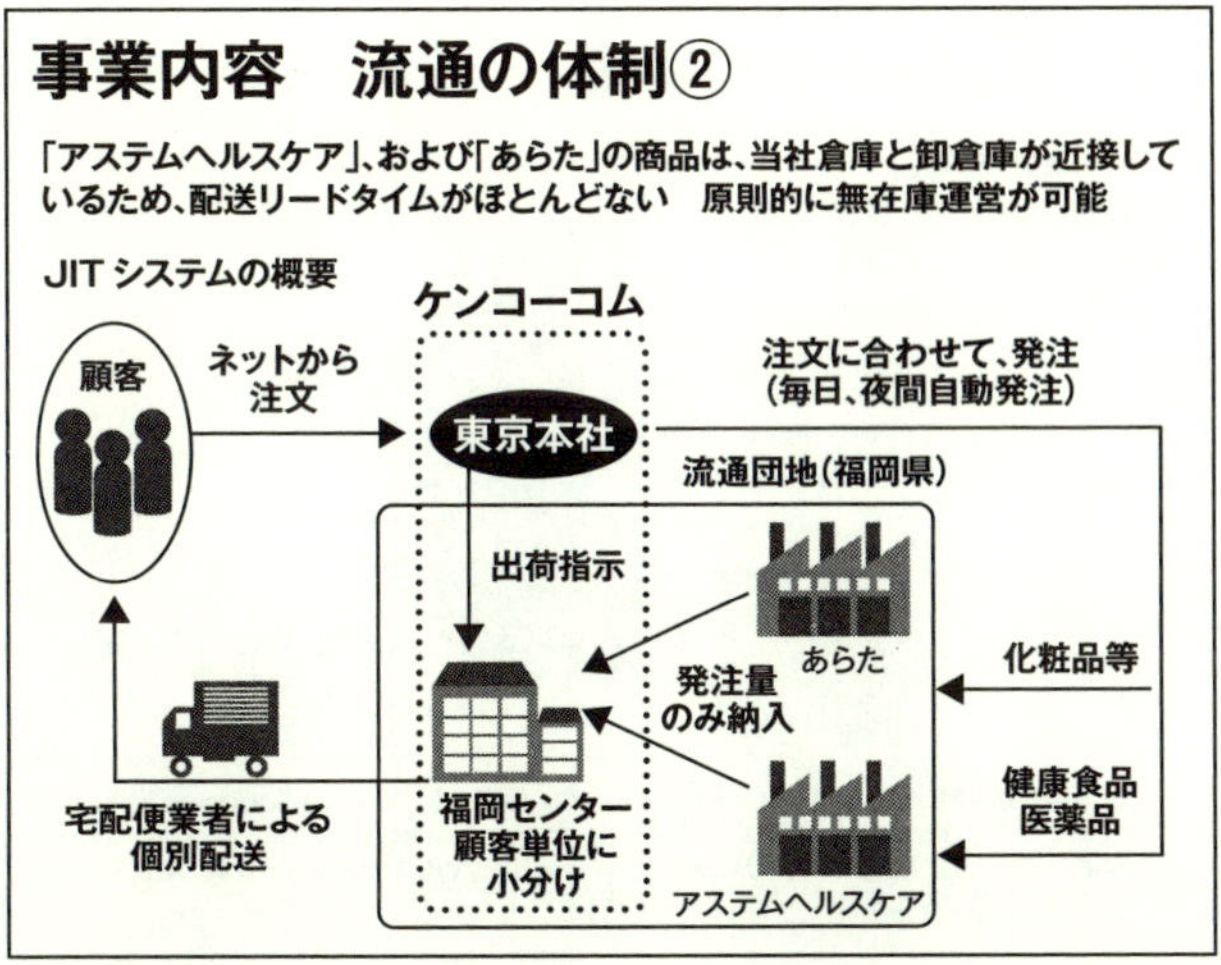

またナショナルブランドとローカルブランドの商品在庫の持ち方を変え、低在庫を実現しています。

健康関連商品を扱うメーカーは中小企業が多く、販路に苦しんでいます。そうしたメーカーから商品を預けてもらうという形をとっているので、在庫負担を抱えていません。このことで7日間という短期間の在庫を実現しているわけです」

ジャスト・イン・タイムの仕組みは図〈事業内容　流通の体制②〉のとおりである。注文を受けると、その翌日には仕入れて、2日後には商品が消費者の手に届く。

「物流センターを充実させることで『発送の

マーケティングの特徴

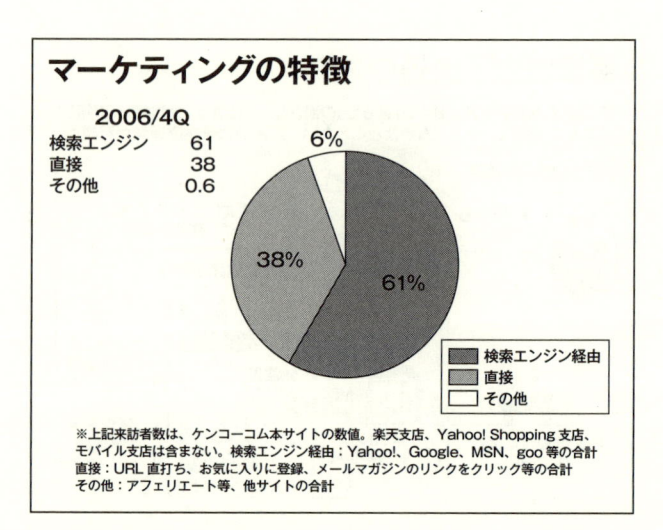

2006/4Q	
検索エンジン	61
直接	38
その他	0.6

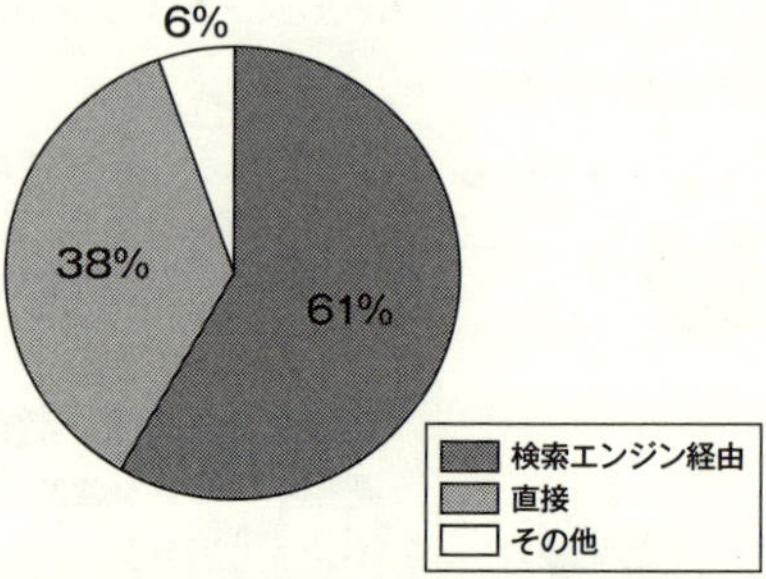

※上記来訪者数は、ケンコーコム本サイトの数値。楽天支店、Yahoo! Shopping 支店、モバイル支店は含まない。検索エンジン経由：Yahoo!、Google、MSN、goo 等の合計
直接：URL 直打ち、お気に入りに登録、メールマガジンのリンクをクリック等の合計
その他：アフェリエート等、他サイトの合計

効率化』、そして『商品管理の充実』などを実現しています。ケンコーコムはトータルなサービス向上が求められているのです」

　また、ケンコーコムの大きな特徴として、自社サイトでの売上が8割近くあることが挙げられるであろう。

「ケンコーコムへのアクセスは、検索エンジン経由がメインになっています。しかも意図的に消費者をサイトに誘導したのではない、検索結果なので、無料で集客することができているのです。商品数を増やすというコンテンツの重視は、そのままサイトを見てもらう、アクセス数を増やすことにつながっています。

今後もインターネットで商品を買ってもらうためには、『インタネットは便利だ』というシチュエーションを作っていけばいいわけです。そのための要素として必要不可欠なのが『商品数』、『顧客サービス』、『価格』になります。

これからEコマースを成功させていくためには、これらの要素を充実させていくしかありません」

第7章

技術に立脚したグローバル企業

［ゲスト］秋山咲恵
株式会社サキコーポレーション代表取締役

［講師］高橋俊介

秋山咲恵（あきやま・さきえ）

1981年：京都大学文学部入学後、同大学法学部へ転部
1987年：京都大学卒業後、アンダーセン・コンサルティング（現アクセンチュア株式会社）に入社、結婚
1991年：アンダーセン・コンサルティングを退社
1994年：株式会社サキコーポレーションを設立

●会社概要

名称：株式会社サキコーポレーション
設立：1994年4月
代表取締役：秋山咲恵
資本金：1億1000万円
事業内容：IMV（Intelligence Machine Vision）という画像認識技術を搭載したプリント基板を対象にした品質検査ロボット（自動外観検査装置）の設計開発から製造販売までを手がける

『「物を見る」→「認識する」という従来のマシンビジョンの技術に、新たに「考える」機能を付加した技術。これが私たちの目指すＩＭＶ（Intelligent Machine Vision：インテリジェント・マシン・ビジョン）です。

例えていえば、鉄腕アトムの目と脳のユニットにあたるものです』

とは、株式会社サキコーポレーションのインターネットサイトのトップページにある言葉だ。

サキコーポレーションは、この画像認識技術を搭載したプリント基板を対象にした品質検査ロボット（自動外観検査装置）を主力製品にしており、その設計開発から製造販売までを業務内容にしている。

『新しい価値の創造への挑戦』を経営理念にしている同社は、本書でご紹介してきたコンサルタント出身の起業家たちが、インターネットなどを利用したサービスを行っていることが多いのに対して、製造業の分野で活躍する稀《まれ》なケースである。

全世界を相手に事業を展開するサキコーポレーションの、これまで、そしてこれからを探ってみよう。

●世界の工場で活躍する検査ロボット

「産業用ロボットの分野では、組み立てや部品の装着といった、ものを『作る』工程へのロボットの普及率は高いのですが、『検査』するといった品質管理の部分には自動化が進んでおらず、それまで人間の目視が主流でした。

そこでわが社は、『検査』の分野における将来性に着目し、高い付加価値を持つ画像処理技術としてのＩＭＶをコアテクノロジーとして標榜することにしたのです。

現在、わが社ではパソコンや携帯電話、自動車などに組み込まれる電子制御回路（プリント基板実装）を自動検査するロボットを開発製造販売しており、ノートパソコンに関しては、世界中で生産されている電子制御回路の３分の１に対して、当社の製品が検査で関わっています」

と株式会社サキコーポレーションの秋山咲恵氏は語る。

サキコーポレーションの本社は、東京都港区の品川にある。

メーカーとして企画、設計開発、生産営業といったいろいろな部署が一同に介して仕事することができるように、オフィスはフリーアドレス。個人の机はなく、荷物はすべて個人のロッカーにしまうようになっている。

「工場でよくいわれている『５Ｓ（整理・整頓・清掃・清潔・しつけ）』という整理整頓の考え方を、オフィスにも採用しています。社員は毎日、退社時に、荷物をすべてロッカーにしまいます」

こうしたオフィス環境にも、サキコーポレーションの企業理念が息づいている。

「社内をこのようなシステムにしたきっかけの１つは、中国でのビジネスを本格的に始めようと決めたことでした。

中国の生産の現場を見た感想は、『同じ土俵で戦ったら、負けてしまうな』というものでした。そして『いいものを速く作る』という価値観から抜け出して、『新しい価値のあるものを生み出す』という価値観を持つことの必要性を改めて痛感したのです。

そのための環境作りとして、普段から接する環境、つまり職場環境をクリエイティブにしていきたいと思い、オフィスを現在のようなシステムにしたのです」

サキコーポレーションは、創業以来、順調に業績を伸ばしている。

「私たちの商品は、産業用ロボットで、いわゆる生産設備になります。そのため実績が出れば出るほど信用を上げることができます。また、顧客がグローバルで世界中に存在しているので、中国市場を中心としたいわゆるＢＲＩＣｓ（ブラジル・ロシア・インド・中国の総称。現在、これらの国々は、人口、資本、労働生産性の増加を起因にして、経済成長している）の勢いに乗ることができれば、わが社もその波に乗ることができます。

現在、わが社は、グローバルな展開を一気に行なわなければ、ビジネスチャンスを逃してしまう、という厳しい状況にあります」

「魚のいないところで漁をしても無駄だということです。創業し、販売を始めたときから、海外進出を前提に、事業を展開してきました。現在、台数ベースでは世界一のシェアを誇っています」

日本国内向けは全体の３分の１。最近の傾向としては、中国向けに輸出される台数が増え、また２００６年からは、直営の拠点を世界中に拡げているという。

「ヨーロッパにパートナー企業が増えています。インドやロシア、ブラジルへの提供も始

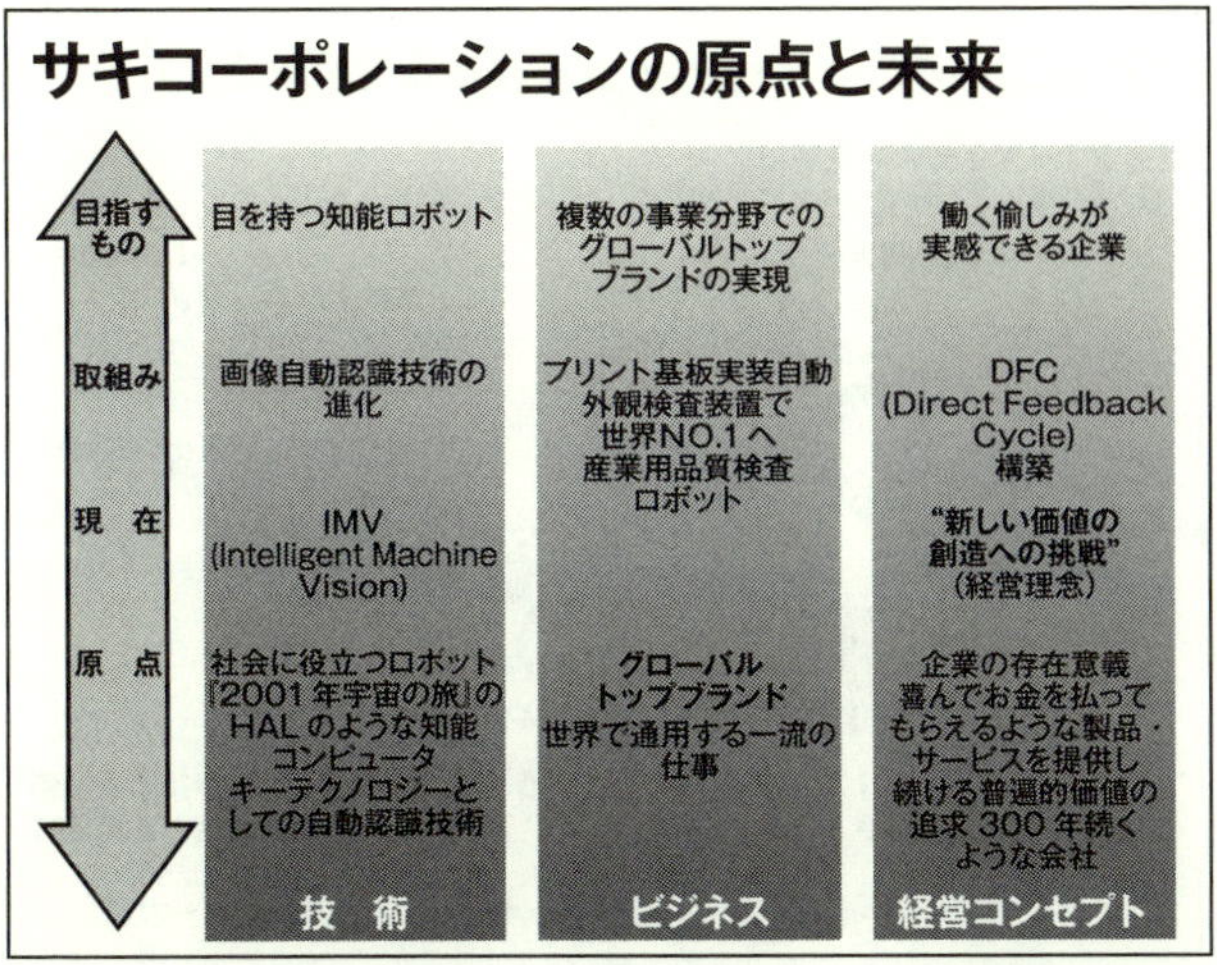

目指すもの	目を持つ知能ロボット	複数の事業分野でのグローバルトップブランドの実現	働く愉しみが実感できる企業
取組み	画像自動認識技術の進化	プリント基板実装自動外観検査装置で世界NO.1へ 産業用品質検査ロボット	DFC (Direct Feedback Cycle) 構築
現在	IMV (Intelligent Machine Vision)		"新しい価値の創造への挑戦" (経営理念)
原点	社会に役立つロボット『2001年宇宙の旅』のHALのような知能コンピュータ キーテクノロジーとしての自動認識技術	グローバルトップブランド 世界で通用する一流の仕事	企業の存在意義 喜んでお金を払ってもらえるような製品・サービスを提供し続ける普遍的価値の追求 300年続くような会社
	技術	ビジネス	経営コンセプト

まりました」

●顧客が喜んでお金を払ってくれる

「サキコーポレーションは、コンサルタントの経験者と技術者のペアでスタートした会社です」

もちろんコンサルタント経験者とは秋山氏自身のことである。そして技術者というのは、じつは副社長でもあるご主人の秋山吉宏氏である。

サキコーポレーションの原点と未来を図にしてみた。

「『目指す最新技術を世に問いかけてみたい』

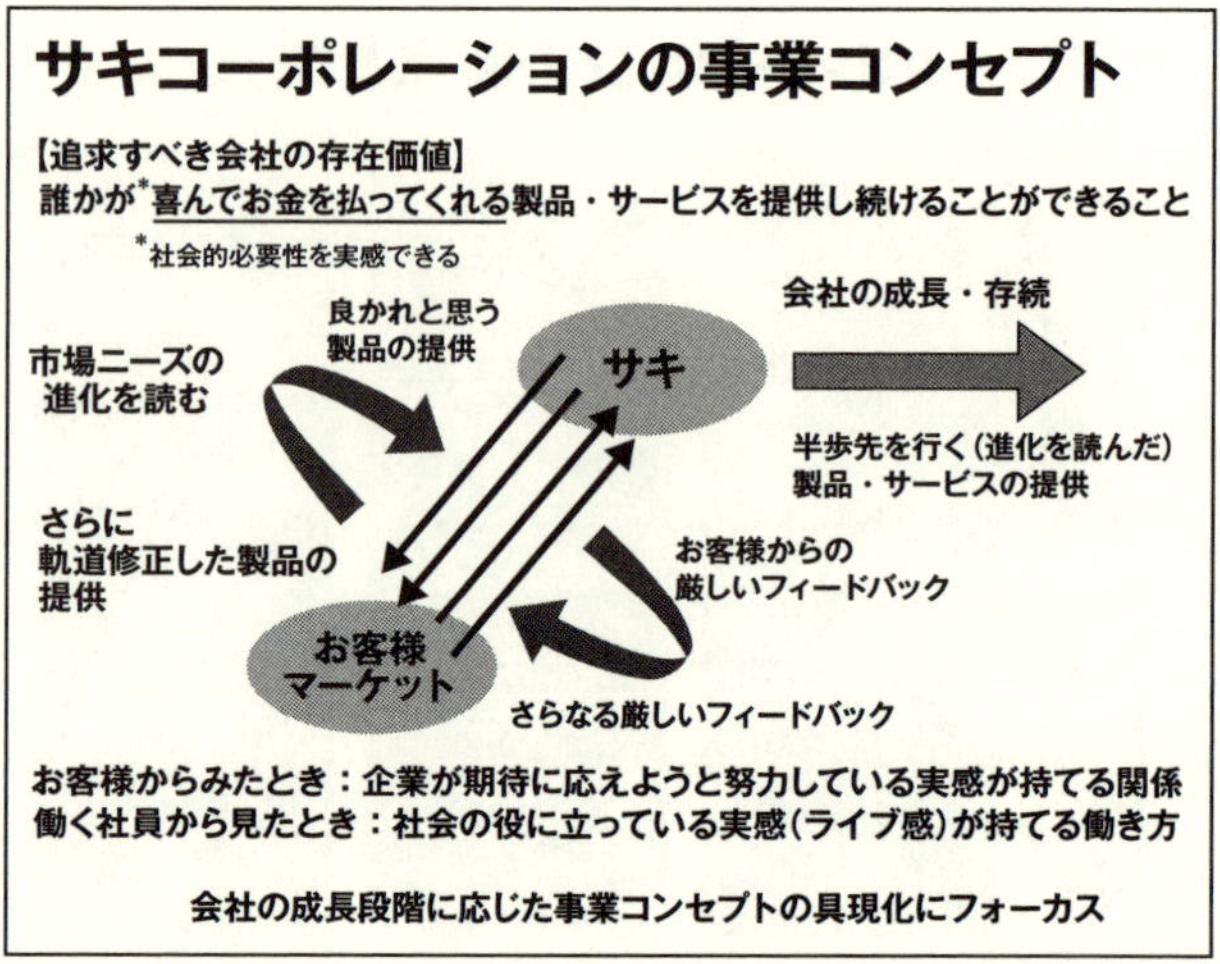
サキコーポレーションの事業コンセプト
【追求すべき会社の存在価値】
誰かが*喜んでお金を払ってくれる製品・サービスを提供し続けることができること
*社会的必要性を実感できる
良かれと思う
製品の提供
会社の成長・存続
市場ニーズの
進化を読む
サキ
半歩先を行く(進化を読んだ)
製品・サービスの提供
さらに
軌道修正した製品の
提供
お客様からの
厳しいフィードバック
お客様
マーケット
さらなる厳しいフィードバック
お客様からみたとき：企業が期待に応えようと努力している実感が持てる関係
働く社員から見たとき：社会の役に立っている実感(ライブ感)が持てる働き方
会社の成長段階に応じた事業コンセプトの具現化にフォーカス

というのが創業の原点になります。

当時の2人の共通した問題意識は、大手企業で働く技術者の技術がアウトプットされず、なかなか世の中の役に立っていない、もったいないというものでした。

新しい技術を反映して最初にできあがるものは、残念ながらそのほとんどが技術者の独りよがりなものばかりです。それをマーケットに投げかけてみて、答えを見ながら前に進んでいく。そして作る側の人間がマーケットをしっかり見るというキャッチボールをしながら技術を高めていく。

サキコーポレーションでは、そのような作り手と顧客の顔が両方とも見える環境作りを

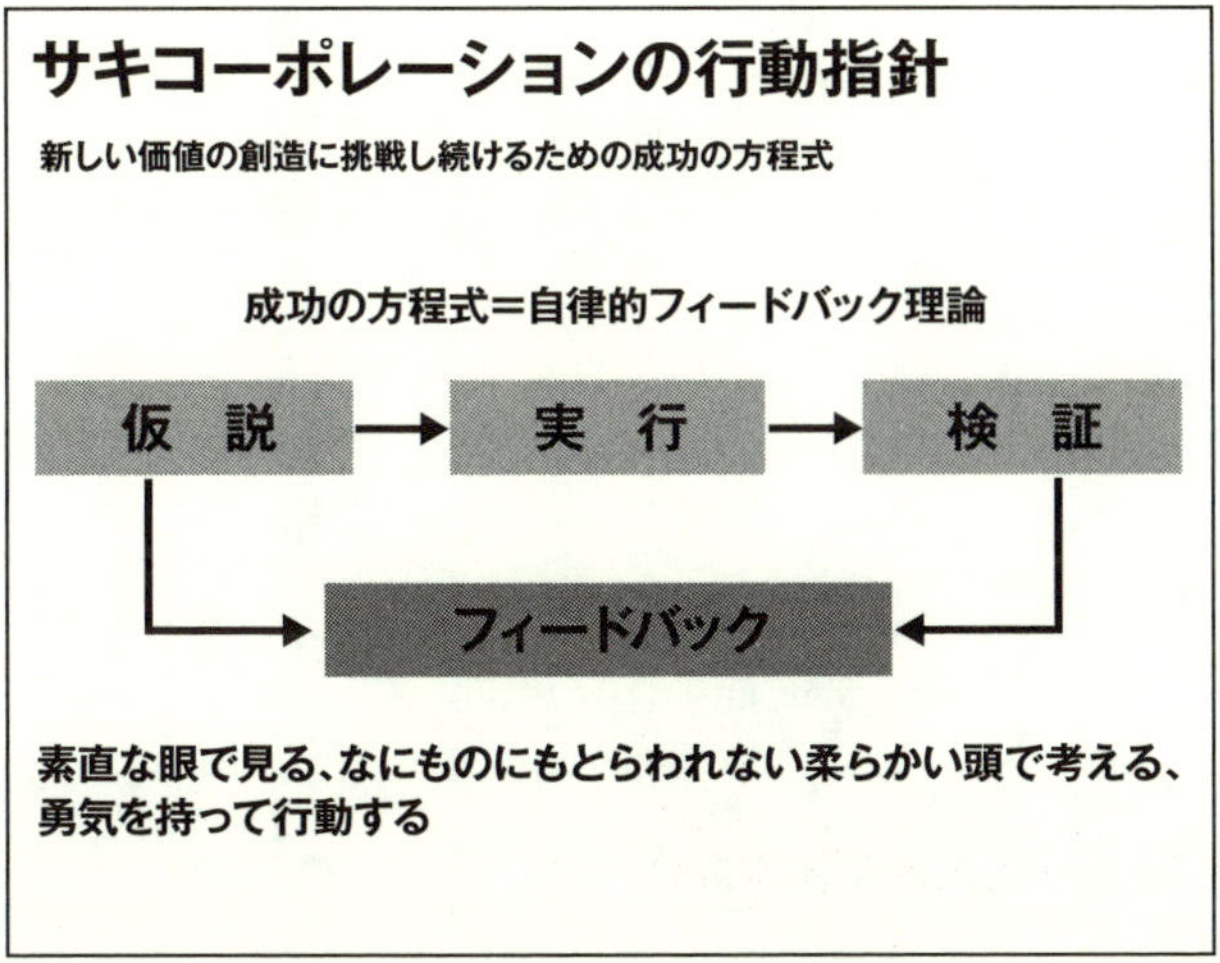

したいと思っています」

次に、サキコーポレーションの事業コンセプトを示した。

「会社の存在意義とは、『お客さまが喜んでお金を払ってくれる。そのようなサービスや製品を提供し続けること』。これさえ守ることができれば、例え商品やサービスが変わったとしても、世の中に必要とされる企業であり続けられるのではないでしょうか」

このことを実現するために、サキコーポレーションでははっきりした行動指針が作られている。

「仕事をしていると、うまくいかないことのほうが多いものです。そこで、なぜ失敗したのかを分析し、次の仕事でしっかりとした仮説を立てるためにその分析結果をフィードバックしていくことが重要なのです」

●文学部から法学部、そしてコンサルタントに

「私は3姉妹の長女です。妹たちが病気がちだということもあって、子供の頃から私のことで親に手をかけさせないようにしていたという記憶があります」

奈良県出身ということもあったのか、秋山氏は京都大学文学部に進学する。

「入学のときには、語学が堪能になればいいな、といった漠然とした夢や希望しか持っていませんでした。とくに文学部を選んだ特別な理由はありません。

文学部の専門課程に入ったときのこと、社会人経験のある講師の方から『大学時代にやり残したことがあり、もう一度勉強したくて大学に戻ってきました』という話を聞いたことがありました。当時、私も文学の勉強は仕事を経験した後でもいいかなと思っていて、実学を勉強したい、と考えるようになり法学部へと転部することにしました。

その当時、女性の進路先は少ないこともあって、女性でもプロとして仕事ができる法曹界を目指して司法試験の勉強をしていましたね」

大学で６年を過ごした秋山氏だが、いざ卒業というタイミングで、男女雇用機会均等法が施行される。

「当時、コンサルティング・ファームは、今のように人気があったわけではありませんでした。ただ男女雇用機会均等法で法律が変わったとしても、実際に職場環境が変わるには時間がかかるだろうと感じていたので、就職先は外資系企業を選びました。そこで、いろいろな勉強ができるという期待はありましたね」

その当時は、コンサルティング会社もＭＢＡホルダー中心の採用だけでなく新卒採用も始まったばかりの頃でした。

「アンダーセン・コンサルティング（現アクセンチュア）を選んだのは、人材育成に力を入れていて、新卒採用に積極的だったという会社の方針が決め手でした」

アンダーセン・コンサルティングは、コーポレートユニバーシティを有する会社として世界的に有名で、ワールドワイドで新人研修が行われていた。秋山氏もアメリカで３週間の研修を受けた。

「驚くことばかりでした。でも、本当に大変だったのは入社してからでしたね。私は、金融関係のプロジェクトの開発などを担当しました」

大学を卒業したばかりで、法学部出身の秋山氏には、ＩＴの技術もなければ、金融の知識もなかった。

「とにかく本を買っては勉強する毎日でしたね。学生時代の司法試験よりもはるかに勉強していたと思います」

と当時を振り返る。

「『コンサルタントいう仕事は、顧客の前では1を聞いたら10を知り、１００をしゃべれ！』などと先輩にはいわれるし、顧客は当然、私のことをプロフェッショナルとして見るので、会話の受け答えの中でも信頼感を与えなければいけません。この時に自分をサイズアップする方法を叩き込まれました」

●退職して、起業のための準備を

そして秋山氏は、アンダーセン・コンサルティングを退職することを決意する。

「最初の3年間は、ただがむしゃらに仕事をしていました。しかし、4年目を迎えた頃に、節目だという感覚があり、他人の土俵で仕事をするもどかしさを感じ始め、私は不完全燃焼な状態でいました」

退職してからは、転職活動はまったくしなかったという。なぜなら起業という明確な目的があったからだ。

「起業するまでに時間はかかりましたが、その間を『高等遊民時代』と自分自身で名づけ、会社に勤めていた時にはできなかったことにのめり込んでいました。とくに日本の伝統文化であるお茶や義太夫などです。今でも、それらに触れることで文化の継承の一端を担っているような気がします」

秋山氏は、今でも時間を見つけては、お茶会に着物で出席する。

●いよいよ起業、社長に就任

「夫と私、どちらが社長になってもよかったのですが、夫に技術の仕事に集中してほしいと考え、私が社長になりました」

とのことだが、ご主人でもある副社長の秋山吉宏氏に、秋山氏評を聞いてみた。

「自社技術で事業をやっていこう、ということで設計を始めました。

ところが、いざ製品化する段階になると、どこも商品を受け入れてくれない、いわゆる門前払いの状態でしたね。やっとの思いで製品はできあがりましたが、今度はどうやって売っていったらいいかわからない。

その技術をまとめて買い取るよ、と大企業から声をかけられたときに『うちは下請けになる気はない』とはっきりと結論を出したのは社長でした。秋山社長は気骨がある人物です。とにかく目標設定が高く、2年後のために、今、これをやっておくんだというビジョンもしっかり持っています」

結果的に秋山咲恵さんが社長でよかったと、夫である秋山氏はいう。

「わが社の取引先の多くが大企業です。そのため自分たちが駆け出しの会社であっても、相手企業と対等な態度で冷静に会社や技術をプレゼンテーションできることは、相手からわが社への信頼感にもつながります」

社員の声も聞いてみよう。

「現実的です。とにかく現場で何が起きているのかを知ろうとします」

「身近だけど遠い人。オンのスイッチが入ると遠い人になるけど、普段は本当に気さく」

「パワフルかつ繊細。決めたらすぐに動く。社長には信念を感じます。しかも人間的な面においての繊細さも感じることができます。

ちょっとした社員の動向をしっかり観察して『こうなんじゃないの?』という感じで常に気を配ってくれています。

この人のために働こう、他の企業の社長に負けさせたくないという気持ちになるんです」

このような社員の声からも、秋山氏の社長としての優れた資質が感じられる。

「最後に、私の好きな言葉を後輩の方に贈りたいと思います。

〝未来を予測する最善の方法は、自らそれを創り出すことである〟

これは現行のパソコンにほぼ標準装備されているイーサネットやレーザープリンターの発明をしたパロアルト研究所に所属していたアラン・ケイ（『パーソナル・コンピュータ』という概念を提唱）という研究者の言葉ですが、時代が変わっても、環境が変わっても、自分が変わっても、ブレークスルーは生まれるということだと思います」

エピローグ　大前研一

●追われる立場にある日本

私は、残された人生のすべてを人材育成、教育というジャンルに捧げるつもりである。

私は20代のころ、ＭＩＴで原子力の分野の博士号を取得した。その後2年間、日本の原子炉の製造に携わったが、日本における原子力行政に限界を感じ、すべてをクリアにして、マッキンゼー・アンド・カンパニーに入社した。

マッキンゼーでは、世界の３人の経営者、そのひとりになったが、50歳を期にコンサルタントを辞めた。そして、それまでのすべてのキャリアをクリアして、日本を変えてやろうと、東京都知事選に出馬した。練り上げた政策を掲げて選挙に臨んだが、〝意地悪ばあさん〟に惨敗してしまった。自分は政治家に向いていないことを自覚した。

そしてこれもオールクリアにして、教育に心血を注いでいる。起業家の養成、一新塾という政策学校など、さまざまな分野で事業を起ち上げ、現在では大学院なども運営している。

では、なぜ今、教育なのか。

いくつか大きな理由がある。

まず、「今のままの日本の教育システムでは、世界に通用する人材を生み出すことは不可能である」という危機感が私にはあること。

次にＩＴが進んだ現在、今までに勉強してきたことのほとんどが役に立たなくなってしまっているということがある。

また、日本は中国に激しく追いかけられてきている。日本は今まで、追いつけ、追い越せでやってきたが、今度は追われる立場にいる。今、中国との競争に勝つためには国民の１人ひとりが力をつけるしかない。これからの日本がどうなるのかは、知的付加価値をつけられる、世界に通用する人間をどれだけ輩出できるかにかかっているのだ。

●日本人の決定的な3つの弱点

今の日本人に決定的に欠けているものは、次の3つである。

世界レベルからいって、どうしようもないほど、低レベルなものばかりだ。

①英語力

現在、インターネット内でやり取りされている情報の80%以上は英語でやりとりされている。英語はプラットホームになり、コミュニケーション・ツールとして不可欠なものになっている。ところが日本人の英語は、構文だけを勉強するような、まったく使えないものだ。とくにコミュニケーションというレベルにおいては、まったく役に立たない英語力でしかない。日本人は英語を使ってグループディスカッションなど、どう逆立ちしてもできっこない。

②財務感覚

日本人はファイナンスが世界一、苦手な国民である。

日本人は金銭教育を家庭でも、学校でも教えてこなかった。専門家のように思われる企業の経理部門の人間も、入社して配属されただけで、財務のことをわかっているかといえば、分かっていない。金の出し入れは分かっていても、金が金を生み出す仕組みを理解しているわけではない。

世界一お金持ちの国民であるはずの日本人は、信じられないような低金利で銀行や郵便局に預貯金し、まったく生産性のない金の使い方をしている。自分で金を稼ぎ、それを運用するということを小さい頃からやったことがないわけで、ある意味、日本人のこの状況は仕方のないことかもしれない。

だが、それでは世界に通用しない。国際的な基準に追いつかなくてはならない。

③論理思考

これもまた日本人が苦手な部分である。日本人は論理的に思考することができない。というよりも「自分で考える」ということを、受験という学校の教育システムの中で虚勢されてしまっている。

おかしいと感じたことでも、口に出していわない。それが日本人のメンタリティのようにいわれている。だが世界の常識はまったく逆である。おかしいときには反対してみる。

イスラエルの社会には「悪魔の使徒」というものがある。グループで話し合いをしているときに、「悪魔の使徒になります。あえて反対させてください」と発言することが礼儀になっている。なぜかといえば、議論をする上で、反対意見を論理的に述べるということは、不可欠な要素だからである。

「論理思考の欠如」。これは現在の日本人が世界で通用しない大きなネックになっているのである。

●30歳の社長を育てる

最近、私が考えていることは、〝30歳で社長になる人材を育てる〟ことである。30歳で社長であることは、もはや世界標準である。

私はそのために、かつてマッキンゼーの社内教育で使っていたカリキュラムを活用している。

私が今まで育ててきた人間は、マッキンゼーだけでも500人を超えている。右も左もわからない新卒者に、論理志向を教え、データの集め方や分析のやり方を教える。そして、そこからの意味合いを引き出す方法を教え、財務などの基本的なスキルも叩き込む——彼、彼女たちがみな、

「大前さんに怒られたことは思い出したくもないが、マッキンゼーで受けた教育は今も役立っている」

と口にする。

受験という恐怖の中ではなく、〝これは自分のスキルになるんだ〟という環境の中で教えなければ、それは教わる者の身につきっこない。

かつての教え子たちが協力してくれたおかげで、私の目指す教育カリキュラムは完成に近づきつつある。

本書はビジネス・ブレークスルー　アントレプレナーライブ（２００５年５月～２００６年４月）、アタッカーズ・ビジネススクールアワー（２００５年４月）、大前研一アワー（２００２年12月、２００５年７月）の映像をもとに再編集したもので、組織・会社名等の名称は現在のものを原則としておりますが、本文中の組織・会社名等の名称、データ等は原則として放映当時のものとなっています。

「BBT ビジネス・セレクト」刊行にあたって

ビジネス・ブレークスルー（BBT）では、既存のビジネスモデルの型を破り、新しいコンセプトを構想し、世界に果敢に挑戦して成功を収めた革新的な企業や経営者にフォーカスを当てたライブ講義を提供しています。

各分野の第一人者である専門者の方々、実際の現場を知るコンサルタント、また経営者本人に直接テレビ・映像にご登場いただき、視聴者に直接語りかけていただきます。これにより、現場の温度が感じられる「生きた知識」、一流の経営ノウハウをお届けしています。

今回の「BBT ビジネス・セレクト」は、ビジネス・ブレークスルー（BBT）のライブ講義映像から、次世代を担う若手ビジネスリーダーに向けて、テーマ、講師陣を厳選した書籍シリーズです。教科書のようなスタイルではなく〝ライブ感〟を活かすために、一流の講師陣の語り口や、ニュアンスなどが伝わるよう、講師陣の協力を得てできるだけ忠実に紙上に再現しました。

本シリーズをきっかけとして、ビジネス・ブレークスルーの知的プラットフォームに触れていただき、多くの刺激を受け、向上心を保ちながら、ご自分のビジネスでの成功に向けての行動につなげていただけることを、心より願っております。

そして、機会がありましたら、ぜひ一度、本シリーズの著者を含めた多数の講師陣による映像講義を直接体験していただければと思います。そこから多くの学びを得て、1人でも多くの皆様が、次世代の「国際的ビジネスリーダー」として活躍するための一助となることが、私どもの願いです。

ビジネス・ブレークスルー出版事業局

株式会社 ビジネス・ブレークスルー

http://www.bbt757.com

ビジネス・ブレークスルーは国際的に通用するビジネスリーダーを育成すべく、1998年に設立された、遠隔型のマネジメント教育企業である。

大前研一をはじめとした世界トップレベルの経営コンサルタント、国内外のビジネススクール教授、気鋭の経営者、起業家などによる映像講義を、衛星放送やインターネット配信などを通じて提供。現在では約4800時間以上の講義放送コンテンツを有する知的プラットフォームとなっている。

経営・ビジネスに関する遠隔学習サービスを、入門〜実践・応用レベルにいたるまで、目的に応じて学べるよう設計し、幅広く提供している。

高橋俊介（たかはし・しゅんすけ）

慶應義塾大学大学院政策メディア研究科教授
組織・人事に関する日本の権威の１人。プリンストン大学大学院工学部修士課程修了。マッキンゼー・アンド・カンパニー入社。その後、ザ・ワイアット・カンパニー（現ワトソンワイアット株式会社）に入社。93年に同社社長を経て、97年に独立。人事を軸としたマネジメント改革の専門家として幅広い分野で活躍中。
主な著書に『BBTビジネス・セレクト７　最強のキャリア戦略』（共著、ゴマブックス）、『キャリアショック』（ソフトバンククリエイティブ）、『組織改革』『新版　人材マネジメント論』（東洋経済新報社）『人が育つ会社をつくる』（日本経済新聞社）など。

内田和成（うちだ・かずなり）

早稲田大学大学院商学研究科教授
ボストン コンサルティング グループ　シニア・アドバイザー
東京大学工学部卒。慶應義塾大学経営学修士（MBA）。日本航空株式会社を経て現在に至る。ハイテク企業、情報通信サービス企業を中心に、マーケティング戦略、新規事業戦略、中長期戦略、グローバル戦略策定等のコンサルティングを数多く経験している。
著書に『BBTビジネス・セレクト８　コンサルティング入門』（ゴマブックス）、『仮説思考』（東洋経済新報社）、『デコンストラクション経営革命』（日本能率協会マネジメントセンター）、『顧客ロイヤリティの時代』（嶋口充輝との共著・同文舘出版）、『eエコノミーの企業戦略』（PHP研究所）などがある。

BBTビジネス・セレクト⑩

プロフェッショナルの鍛え方

2007年10月10日　初版第1刷発行

編　者　　高橋俊介　内田和成
発行者　　斎藤広達
発行・発売　ゴマブックス株式会社
〒107-0052　東京都港区赤坂1-9-3　日本自転車会館3号館
電話　03（5114）5050
印刷・製本　中央精版印刷株式会社

2007 Printed in Japan　ISBN 978-4-7771-0733-9

「強い企業」は「強い現場」を持っている!

BBTビジネス・セレクト②

『事例に学ぶ 経営と現場力』

遠藤 功 著

現場こそが、価値を生み出すエンジンである。モノを作り、販売し、サービスを提供するという価値を生み出す一連の流れである企業活動。それらは別々に存在するものではない。すべての現場の力を高めることこそが、経営の競争力を高めることになるのだ。トヨタ・花王・キヤノン・三菱・デルなどを例に、強い企業を作るための強い現場作りを解説。

12人の異能から学ぶ実践起業術!!

BBTビジネス・セレクト③

『創造する アントレプレナー』

米倉誠一郎 著

アントレプレナーシップとは“イノベーションを遂行する能力”のことである。経済学者ヨーゼフ・シュムペーターは、「破壊によりイノベーションが起こる」と提唱した。個々人にアントレプレナーシップが求められる現在、活躍する12人のアントレプレナーをゲストに、彼らが築き上げたビジネスモデル、そして実践的起業論を読み解いていく。

革新的商品やサービスの本質を解き明かす!!

BBT ビジネス・セレクト④

『イノベーションを生みだす力』

竹内弘高・楠木 建 著

サウスウエスト航空とスターバックス。この２つの企業は、コモディティ（日常の当たり前のもの）になっていた商品のコンセプトやビジネスモデルを再定義し、新しい価値を消費者に再認識させ成功を収めた。このように継続的に激しい競争が存在する「場」にある企業が行っている、イノベーションを生み出すための個人、組織へのマネジメント方法とは？

社員の“本気”を引き出す仕組みをつくる!!

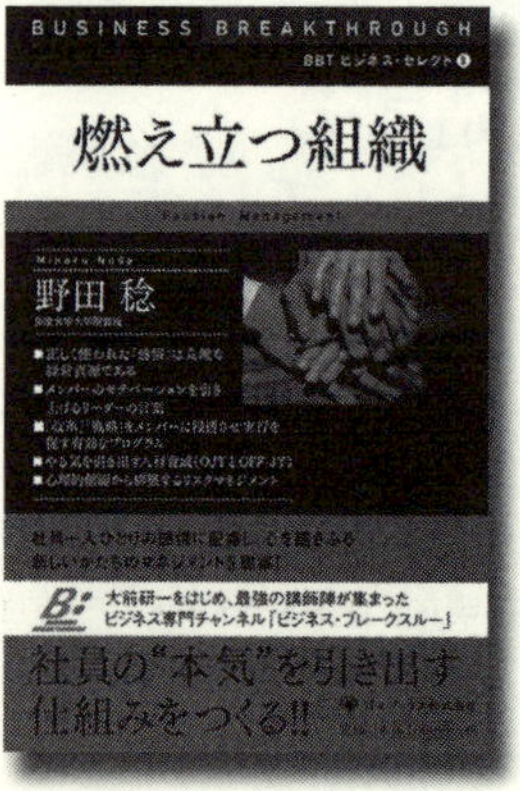

BBT ビジネス・セレクト⑤

『燃え立つ組織』

野田 稔 著

感情マネジメント研究で分かってきた、革新プロジェクトにおける“感情のＶ字回復”。革新プロジェクトにあるツラい時期を乗り切るためには「落ち込むメンバーの気持ちを奮い立たせる」リーダーの人為的感情マネジメントが不可欠だ！　経営資源としての感情を活かすためにはどうすればよいのか？　心を揺さぶる新しいかたちのマネジメントを提案する。

価値を提供できる営業マンだけが勝ち残る！

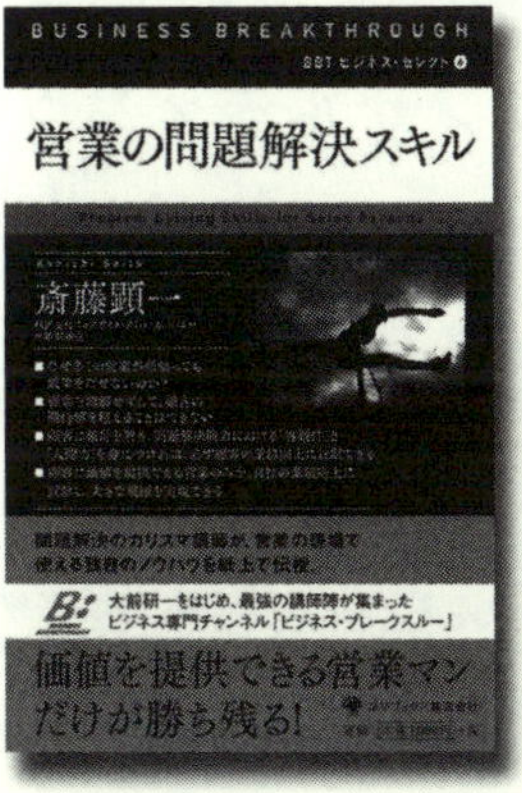
BUSINESS BREAKTHROUGH
BBTビジネス・セレクト⑥
営業の問題解決スキル
斎藤顕一
大前研一をはじめ、最強の講師陣が集まった
ビジネス専門チャンネル「ビジネス・ブレークスルー」
価値を提供できる営業マン
だけが勝ち残る!

BBTビジネス・セレクト⑥

『営業の問題解決スキル』

斎藤顕一 著

単に自社の商品やサービスを、顧客にうまく売り込めば成長できる時代は終わった。顧客の業績を向上させるために何をすればいいのかを考え、行動し成果につなげる「価値提供」。この価値の提供こそが、今の時代に求められる営業なのだ。問題解決のカリスマ、斎藤顕一が営業の現場で使える独自のノウハウを伝授！　知識をかたちにする演習編も収録。

「柔軟だが主体的である」が基本原則！

BUSINESS BREAKTHROUGH
BBTビジネス・セレクト⑦
最強のキャリア戦略
高橋俊介
野田稔
川上真史
大前研一をはじめ、最強の講師陣が集まった
ビジネス専門チャンネル「ビジネス・ブレークスルー」
「柔軟だが主体的である」が
基本原則だ!

BBTビジネス・セレクト⑦

『最強のキャリア戦略』

高橋俊介・野田稔・川上真史 著

やる気・チーム・リーダーシップ・評価・人材育成・家庭……。ビジネスパーソンの前に立ちはだかる多くの問題。先が見えない時代、所属する組織の中でこれらの問題をどう消化し、乗り越えていけばよいのだろうか？　３人の人事エキスパートが読者からの切実な質問を快刀乱麻。これからをサバイブしていくためのキャリア戦略のヒントがきっとここにある。